全面从严治党与浙江实践 研究文丛 浙江省"十四五"重点图书出版物出版规划

张树华　徐　彬◎主编

后陈经验的新发展

从治村之计到治国之策

INNOVATIVE PRACTICES OF ZHEJIANG PROVINCE

侣传振　董敬畏◎著

浙江工商大学出版社 | 杭州

图书在版编目(CIP)数据

后陈经验的新发展：从治村之计到治国之策 / 侣传振，董敬畏著. —杭州：浙江工商大学出版社，2022.5

("全面从严治党与浙江实践"研究文丛 / 张树华，徐彬主编)

ISBN 978-7-5178-4720-5

Ⅰ.①后… Ⅱ.①侣… ②董… Ⅲ.①农村－群众自治－研究－浙江 Ⅳ.①D638

中国版本图书馆 CIP 数据核字(2021)第 223721 号

后陈经验的新发展：从治村之计到治国之策
HOUCHEN JINGYAN DE XIN FAZHAN：CONG ZHI CUN ZHI JI DAO ZHI GUO ZHI CE
侣传振　董敬畏　著

出 品 人	鲍观明	
策划编辑	任晓燕	
责任编辑	张晶晶	
责任校对	何小玲	
封面设计	屈　皓	
责任印制	包建辉	
出版发行	浙江工商大学出版社	
	（杭州市教工路 198 号　邮政编码 310012）	
	（E-mail：zjgsupress@163.com）	
	（网址：http://www.zjgsupress.com）	
	电话：0571－88904980，88831806（传真）	
排　　版	杭州朝曦图文设计有限公司	
印　　刷	杭州高腾印务有限公司	
开　　本	880mm×1230mm　1/32	
印　　张	8.125	
字　　数	193 千	
版 印 次	2022 年 5 月第 1 版　2022 年 5 月第 1 次印刷	
书　　号	ISBN 978-7-5178-4720-5	
定　　价	68.00 元	

总　序

2020 年初,习近平总书记赋予浙江"努力成为新时代全面展示中国特色社会主义制度优越性的重要窗口"的新目标新定位,这是浙江改革发展史上具有里程碑意义的大事。这个里程碑意义体现在两个层面:在省级层面,"重要窗口"的提出是对浙江这些年实践创新成效的肯定,是对浙江广大干部群众大胆开拓、务实肯干精神的肯定;但"重要窗口"还有更高层次的意义,那就是由浙江首创的许多制度和举措,是全国层面共性问题的浙江答案,是可以逐步推广到其他地区的成功经验,是新时代全面展示中国特色社会主义制度优越性的具体内容和建设路径。

作为中国革命红船起航地,浙江在推进全面从严治党实践中始终模范传承着中国特色社会主义的红色基因;作为改革开放先行地,浙江在制度和机制改革方面勇于创新,以生动的实践创造了异常丰富的研究资源;作为习近平新时代中国特色社会主义思想重要萌发地,诸多"浙江先发"实践在新时代拓展为全国层面的"顶层设计"。党的十八大以来,如何在新时代推进全面从严治党受到了广泛关注,相关论著大量涌现;与此同时,浙江作为中国革命红船起航地、改革开放先行地、习近平新时代中国特色社会主义思想重要萌发地的特殊地位,也引起浙江学界乃至全国研究者的关注。不少论著对浙江推进党的建设和制度创新的历史资源、现实做法及其理论启示,进行了较为深入的挖掘和总结。不过,总体上看,从全面从严治党的特定视角对浙江创新实践进行考察和研究,仍然存在限于具体领域而系统性和全面性不够,以及面向专业学者的理论性与面向普通读者的可读性上统筹兼顾不够等突出问题。这种研究和出版状况,相对于浙江作为"三个地"的特殊地位以及浙江打造"全面展示中国特色社会主义制度优越性重要窗口"新实践,是相对滞后的。

"三个地"的特殊地位使浙江成为从省域层面阐释中国制度和研究新时期全面从严治党相关问题的理想立足点,也为本丛书沿着"浙江案例—中国方案—全面从严治党的经验与逻辑"路径开展学理研究提供了广阔空间。而从相关领域的实践进程及研究动态看,推动党的建设重心下移,全面发挥党在地方治理现代化中的引领作用,已经成为进一步深化全面从严治党,推动地方治理现代化的重要内容和主要方法。本丛书正是顺应这一研究和实践趋势,紧紧抓住全面从严治党和治理创新实践两个关键命题,系统全面地回答了"浙江为什么会产生这么多制度创新?""'浙江创新实践'为什么能解决全国层面的共性问题?""浙江的成功经验能不能复制,如何复制?"等一系列理论和现实命题。

本丛书由浙江省委党校全面从严治党研究中心组织,编委成员主要包括中国社科院政治学所和浙江省委党校的相关专业人员,并邀请了一批持续跟踪浙江实践,具备政治学、管理学、社会学等学科专业知识的中青年学者参与写作。本丛书以基层党建、政府职能、数字政府、社会治理、协商民主、人大建设等为研究角度,全面、系统地为读者解答了最多跑一次、党建引领基层治理、后陈经验、河长制、民生项目票决制、非公企业党建、毗邻党建等浙江经验的发展历程,以及这些经验背后的作用机制。

编　者

2021 年 6 月

前　言

村务监督委员会制度是农村社会基层治理领域中的一项伟大创新,习近平总书记曾先后多次做出批示与指示,给予这一伟大创新充分肯定。2010 年,全国人大常委会修订的《中华人民共和国村民委员会组织法》第三十二条明确规定:"村应当建立村务监督委员会或者其他形式的村务监督机构,负责村民民主理财,监督村务公开等制度的落实。"2017 年 12 月,中共中央办公厅、国务院办公厅专门发布了《关于建立健全村务监督委员会的指导意见》,并明确指出:"村务监督委员会是村民对村务进行民主监督的机构。建立健全村务监督委员会,对从源头上遏制村民群众身边的不正之风和腐败问题、促进农村和谐稳定,具有重要作用。"正是因为村务监督委员会制度在基层社会治理中有用、有效,国家才把发源于浙江省武义县后陈村的村务监督委员会制度从"一村之计"上升为"治国之策",推动着村务监督委员制度的不断深化与拓展。

众所周知,20 世纪 80 年代村民自治制度在中国农村普遍推行,并建构起民主选举、民主决策、民主管理与民主监督"四个民主"相统一的制度架构。不过,在具体运行过程中,受多重因素制约,"四个民主"并未按照当时的制度设想协调发展,而是存在某种程度上的不协调、不均衡,尤其是民主选举"一枝独秀",先于民主决策、民主管理与民主监督,造成一定的消极效应。例如,缺乏有效监督而引发的小微权力运行不规范甚至违法现象时有发生,这不仅损害了农村基层治理的有效性,而且还损害了广大民众的合法权益,引起广大民众的强烈不满,甚至危及农村社会秩序稳定。所以,提升农村治理绩效,稳定农村社会秩序,必须建立健全村务监督委员会制度,让小微权力在制度笼子里有序有效运行。这构成了后陈村首创村务监督委员会制度的背景,也使得村委监督委员制度的诞生与运行带有应对农村基层治理困境所做出的"需求—回应"型创新底色。

经过多年的实践与发展,发源于后陈村的村务监督委员会制度已经在全国各地扩散,并形成了村务公开监督小组、村民代表监督委员会、村级廉情监督站、村务商议团、"互联网+村权监督"等多种模式,在全国范围内形成了多样丰富且有效的实践,大大提升了农村基层社会的治理水平。进入新时代,国家重大战略部署与农村社会实际需求,为村务监督委员会制度的拓展提出了更高要求。党的十九大报告明确提出乡村振兴战略,强调"治理有效"与"三治结合"。2019 年 4 月,中共中央、国务院印发了《关于建立健全城乡融合发展体制机制和政策体系的意见》,进一步明确指出"建立健全党组织领导的自治、法治、德治相结合的乡村治理体系,发挥群众参与治理主体作用,增强乡村治理能力。"同年 6 月,中共中央办公厅、国务院办公厅印发《关于加强和改进乡村治理的指导意见》,提出要"建立健全党委领导、政府负责、社会协同、公众参与、法治保障、科技支撑的现代乡村社会治理体制,以自治增活力、以法治强保障、以德治扬正气,健全党组织领导的自治、法治、德治相结合的乡村治理体系,构建共建共治共享的社会治理格局。"同时还强调"村务监督委员会要发挥在村务决策和公开、财产管理、工程项目建设、惠农政策措施落实等事项上的监督作用",要"建立健全小微权力监督制度,形成群众监督、村务监督委员会监督、上级部门监督和会计核算监督、审计监督等全程实时、多方联网的监督体系"。总之,党和国家围绕新时代农村基层治理提出了新理念、新任务、新要求、新方针与新举措，为新时代农村村务监督委员会制度发展锚定了新方向、新方位与新空间，这必将推动农村村务监督委员会向着更高更好更优方向发展，进而促进农村社会走向善治。

　　本书以"后陈经验的新发展"为主题，正是对上述时代背景与发展趋势在学理折射上的尝试。著作即将付梓，随感欣慰，但仍惴惴不安，书中可能尚存一些问题，还望学界同仁批评指正。最后，感谢"全面从严治党与浙江实践"研究文丛的主编张树华先生、徐彬教授，本书能列入浙江省"十四五"出版规划项目备感荣幸。感谢浙江工商大学出版社鲍观明社长，以及诸位编辑老师，他们是任晓燕、张晶晶、何小玲、沈婷、包建辉，尤其是本书的责任编辑张晶晶老师，是他们的辛勤付出才使得本书得以完善与出版。

2021 年 7 月

目　录

附
录 ———————— 197

第一章

基层村民自治制度的兴起与实践

　　20 世纪 80 年代,随着家庭联产承包责任制的推行和人民公社体制的解体,在辽阔的中国农村地区,以"民主选举、民主决策、民主管理、民主监督"为主要内容,以"自我管理、自我教育、自我服务"为主要目的的村民自治悄然兴起。在30 余年的时间里,得益于国家力量推动与农民群众自发创造的合力作用,村民自治作为中国最广泛的基层民主形态与治理形式,渐成燎原之势,对中国农村社会乃至整个国家的民主政治发展都具有深刻意义。作为一场"静悄悄的革命",村民自治就"像春风化雨影响着中国乡村的每一个角落,从根本上改变着农民的生活、行为、关系、思想和观念,可以说,对村民自治活动给以较高的评价并不为过"[①]。

----

① 赵秀岭:《村民自治通论》,中国社会科学出版社 2004 年版,第 1 页。

第一节　基层村民自治制度的兴起

村民自治制度作为一项具有中国特色的农村基层民主政治制度,是农村村民按照法定程序民主选举村民委员会,设立村民自治组织,行使自治权,实现村民自我管理、自我教育与自我服务的制度。村民自治制度于 20 世纪 80 年代在中国乡村社会悄然兴起,有其内在的背景与动因。

一、村民自治制度的兴起与农村治理模式的创造性转换密切相关

在公共管理领域,治理的概念于 20 世纪 90 年代在全球范围内逐步兴起,是治理主体通过一定权力的配置和运作对社会加以领导、管理和调节的过程。所以,治理过程主要包括两个层面:一是治理者所发挥的作用,二是社会成员所扮演的角色。尤其是根据后者,治理可以划分为三种理想类型:自治,即社会成员的自我管理;他治,即社会成员将权力委托给他人或机构进行管理;混治,即自治与他治混合。

传统中国是个文化国家,"皇权不下县,县下行自治"是其主要特征。除赋税、兵役等事务外,乡村社会基本不与国家发生联系。"国家权力在人民实际生活中作用是松弛和微弱的,是无为的。"[1]乡村社会内部事务主要以自然村落为单位,通过乡绅治

---

① 费孝通:《乡土中国》,上海人民出版社 2007 年版,第 39 页。

村，自主解决。这些自然村落主要由家户扩大联结而成，是一个为人们所公认的事实上的社会单位，是一种"事实体制"。同时，这些自然村落作为一个自治单位，几乎不承担来自国家的收税、治安等公共事务。[①] 民国时期，政府虽然尝试借助区乡制与保甲制向乡村社会渗透，形成一种国家建构性质的"法定体制"，但依然强调以自发形成的自然村落为基本单元，实施自治。例如，1929 年颁布的《乡镇自治实施法》规定：乡镇公所为自治机构，乡镇下设闾邻组织，闾邻设闾邻居民会议，选举闾长和邻长。

　　中华人民共和国成立后，国家的性质和经济关系发生了根本性变化。在与传统社会进行"割裂"的同时，新中国也面临着建立新政权与重组社会的重任。为了更好地将农民组织起来，为国家工业化战略服务，国家逐步通过一系列农业合作化运动，将分散的农民最终组织到人民公社之中，将私有制下的个体劳动者变为集体经济条件下的劳动者，统一管理，统一经营，统一分配。政社合一的人民公社体制成为国家基层政权管理乡村公共事务的主要依托。当然，国家在试图借用人民公社体制将公共权力触角延伸至乡村社会各个角落，实现集中统一管理的同时，也注意保护农民参与社会管理的民主权利。例如，1962 年 9 月中共八届十中全会通过的《农村人民公社工作条例修正草案》规定，人民公社的各级权力机关，是公社社员代表大会、生产大队社员代表大会和生产队社员大会。凡属于公社全范围的重大事情，都应该由社员代表大会决定，不能由管理委员会少数人决定。生产大队的一切重大事情，都由生产大队社员代表大会决定；生产大队的领导人由大队社员代表大会选举。生产队必须实行民主办队，生产队的一切重大事情，都由生产队

---

　　① 　吉尔伯特·罗兹曼：《中国的现代化》，比较现代化课题组译，江苏人民出版社 2010 年版，第 77 页。

社员大会决定。① 这些规定在中国历史上可以说是前所未有的,是中国特色社会主义民主政治原则精神的体现。

不过,制度文本的存在不等同于实践形态。换言之,制度文本要想转化为具体的实践内容与实践形态,还需要一定的机制创造。就人民公社时期来说,广大农民群众参与社会管理的民主权利要想落地,还需要相应的分权机制。因为民主与分权密切相关,民主需要分权作为基础。可惜的是,随着农村生产关系变革的基本完成以及农村自组织功能的逐步显现,国家并没有及时从中华人民共和国成立初期对农村的直接控制的必要性与正当性中脱离出来实行间接管理,相反,国家进一步通过政社合一的社队体制强化了国家权力的集中统一管理。作为国家政权在基层社会的治理单元,公社体制必然要求公社贯彻执行上级规定与上级命令,公社领导人也主要由上级政权机关任命,公社事务的决定权也主要由公社中的少数人决定。同理,作为公社下属单位的生产大队与生产队,也必须服从公社的规定与命令。而作为公社一分子的社员也因公社对所有生产资料的几乎垄断而高度依附于公社体制。所以,在这种高度集权的公社体制之下,农民的民主权利很难转化为实质内容,更不可能有村民自治,相反只能流于形式,造成"制度空转"。尽管如此,我们不能因人民公社时期的高度集权治理模式而否认其对村民自治的兴起产生的重要遗产价值。首先,这一时期国家对农民享有管理国家和社会事务的民主权利做了基本规定,并做出了一些制度安排,有利于广大农民群众民主管理与民主决策观念的形成。其次,中华人民共和国成立后,农村实行集体所有制,并在此基础上兴建了部分公共设施和集体企业,产生了一些集体财产和集体事务。根据

---

① 中华人民共和国国家农业委员会办公厅编:《农业集体化重要文件汇编》(下册),中共中央党校出版社 1981 年版,第 628—629 页。

集体产权治理的逻辑，在集体产权基础上形成的集体资产和集体事务很明显不能由少数人单独掌控，而是需要集体协商，共同决策。最后，国家政权对基层社会的重组，打破了长期束缚广大农民群众的血缘宗法关系，各家各户逐渐从狭隘的宗法血缘共同体中走出来，进入更为广阔的地缘社会共同体之中。在地缘社会关系中，地域内的各种公共事务，如农田水利、社会治安、文化教育等，不再由宗法血缘关系中的长老决定，而是由地域共同体的成员共同决定。也正是这些制度遗产，使得国家在人民公社解体后，在是延续公社体制对基层社会的行政管理还是将广西等地农民自主创造的村民自治上升为国家政策加以推广的激烈争论中，最终选择了后者。

二、村民自治制度的兴起与农村经济体制改革密切相连

人民公社体制奉行的"集体所有、统一经营"的经营体制虽然取得了一定成效，但是它与家户经营的历史传统相悖。在中国的家户制传统中，家户不仅是日常生产的组织单位、劳动单位，而且是日常生产的经营单位、分配单位。但是在权力与资源过分集中的人民公社体制下，家户的生产经营主体地位"虚置"，仅作为劳动单位存在，这严重抑制了农民的劳动生产积极性，影响了农村经济社会的发展。20 世纪 80 年代初，在农民自发突破和国家自觉领导的双重推动下，农村兴起了以家庭联产承包责任制为主要内容的经济体制改革，在 1983 年出台的中央一号文件中，家庭联产承包责任制作为我国农民在党的领导下把马克思主义农业合作化理论与中国农村实际相结合的伟大创新确立下来。据统计，到 1980 年秋，全国实行双包到户的生产队已占总数的 20％；1981 年年底，扩大到 50％；1982 年夏季，发展到 78.2％；而到了 1983 年春，全国农村双包到户

的比重,已经占到了 95% 以上。[①] 家庭联产承包责任制将土地等生产资料由集体经营转变为承包给农户,恢复了家户的生产经营权和分配权,赋予了农户生产经营的主体地位,极大调动了广大农民群众的生产积极性。正如邓小平所言:"我们农村改革之所以见效,就是因为给农民更多的自主权,调动了农民的积极性。"[②]

分户经营的家庭联产承包责任制打破了人民公社时期的集体生产经营方式与公社体制对生产资料的垄断,使得人民公社管理体制失去经济支撑而逐步走向解体。但是经济体制的改革并不能直接产生与之相匹配的治理体制,基层社会治理由此陷入治理的真空,许多农村公共事务处于无人问津甚至一盘散沙的状态,迫切需要一种新型的组织形式对其进行规范与管理。例如,中共中央书记处、农村政策研究室 1985 年对中国农村社会经济的调查资料显示,湖南省在实行家庭联产承包责任制之后,存在着人口超生现象严重、封建迷信突出、赌博成风、思想政治工作薄弱等问题;河北省部分农村推行包产到户后,村里的小麦脱粒机和拖拉机的发电机、车灯等都被盗走,原集体公共财产也大部分损坏或丢失;广西壮族自治区很多干部队伍和党组织,处于瘫痪、半瘫痪状态,党针对农村的各项方针、政策一到农村就卡壳,贯彻不到群众中去,群众要求解决的问题也得不到有效解决,甚至政府部门要召开农村会议都找不到村干部,粮油征购、税费提留任务难以完成,国家与农村的联系出现"梗阻"。[③] 与此同时,干群关系也趋于紧

[①] 陈锡文等:《中国农村制度变迁 60 年》,人民出版社 2009 年版,第 27—28 页。

[②] 《邓小平文选》(第 3 卷),人民出版社 1993 年版,第 242 页。

[③] 中共中央书记处、农村政策研究室资料室编:《中国农村社会经济典型调查》(1985 年),中国社会科学出版社 1987 年版,第 107—109 页。

张。在有的地方，农民对一些干部利用承包趁机捞取利益、多占宅基地、以权谋私等问题产生愤恨，有的干脆采取一些诸如毒死村干部耕牛、往村干部田地里撒碎玻璃、在村干部门口插花圈等极端的做法以发泄内心的不满，更有甚者，有的地方还发生了集体上访和哄抢事件，农村社会治安持续恶化。这从当时流行的顺口溜中可见一斑。"农民说：不批不斗不怕你，有吃有穿不求你，有了问题就找你，解决不好就骂你。"干部则大倒苦水："一怕两上缴（征购粮和提留款），二怕肚子高（计划外怀孕），三怕火来烧（火葬），四怕扛大锹（义务修水利等基础设施）。"[①]正如中共中央 1982 年一号文件在转批《全国农村工作会议纪要》中所指出的："最近以来，由于各种原因，农村一部分社队基层组织涣散，甚至陷于瘫痪、半瘫痪状态，致使许多事情无人负责，不良现象在滋长蔓延。这种情况应当引起各级党委高度重视，在总结完善生产责任制的同时，一定要把这个问题切实解决好。"[②]

为了更好解决上述问题，1982 年修订的《宪法》第九十五条规定，要改变人民公社政社合一的体制，设立乡政权。1983 年初，中共中央印发了《当前农村经济政策的若干问题（草案）》，认为要从两个方面对人民公社进行改革：一是实行生产责任制，实行政社分设；二是有步骤对政社合一的体制进行分开。在这些文件的指导下，一些省、自治区、直辖市相继开展了政社分开、建立乡政权的试点工作。据统计，到 1983 年 6 月，全国已有 28 个省、自治区、直辖市的 800 个县（市、区）开展了政社分开、建立乡政权的工作，并在全县范围内完成了建乡任务。在全国已建立乡政权的 5112 个公社中，以社建乡的 4870 个，占 95.27%；以

---

① 傅伯言、汤乐毅、陈小青：《中国村官》，南方日报出版社 2004 年版，第 16 页。

② 中共中央文献研究室编：《三中全会以来重要文献选编》（下册），人民出版社 1982 年版，第 1061 页。

几个大队合并建乡或以一个大队建乡的 242 个,占 4.73%。到 1984 年底,全国共建乡 84340 多个,全国已有 28 个省、自治区、直辖市全部完成建乡工作,已经实行政社分开的占公社总数的 98.38%。① 在中国农村延续了 20 多年的人民公社彻底退出了历史舞台。

撤社建乡的顶层设计着重阐述了实行政社分开、建立乡政府的必要性、目的和内容,并提出在乡政府以下建立村民委员会,且肯定村民委员是基层群众性自治组织,但具体该怎么建立与运行并没有加以规定,乡以下基层治理问题依然亟待解决。广西壮族自治区宜山县(今河池市宜州区)合寨村位于三县交界,下辖 12 个自然村。与其他生产大队一样,在推行土地包产到户后,合寨村基层组织处于瘫痪状态,社会秩序异常混乱,社会治安问题日益严重,案件频发,严重影响了村民正常的生产生活。为了维持社会基本秩序,合寨村的果作屯村民率先自发组织起来,尝试通过自治方式寻求解决问题之路。广西罗山、宜山一带由村民自主创造的村民自治形式立刻得到正在考虑如何解决伴随农村经济体制改革需要建立新的基层组织体系问题的中央决策层的高度重视,并在彭真等领导人的推动下,最终上升为国家制度。

三、村民自治制度的兴起与国家民主放权息息相通

中共十一届三中全会是中国改革开放的起始标志,中国由此揭开了国家民主化与经济体制改革的历史序幕。邓小平曾经指出,民主是解放思想、实事求是的重要条件。"同样,要切实保障工人农民个人的民主权利,包括民主选举、民主管理和民主监

---

① 李元勋:《中国农村村民自治研究》,中共中央党校(国家行政学院)博士学位论文,2019 年 12 月,第 40 页。

督。……必须使民主制度化、法律化，使这种制度和法律不因领导人的改变而改变，不因领导人的看法和注意力的改变而改变。"①1981年中共十一届六中全会通过的《关于建国以来党的若干历史问题的决议》明确提出，社会主义革命的根本任务之一就是逐步建设高度民主的社会主义政治制度，并要求加强人民代表大会制度建设，在基层政权和基层社会中逐步实现直接民主，特别是要着重努力发展各城乡企业中劳动群众对企业、事业的民主管理。1982年9月召开的中共十二大进一步指出，社会主义民主要扩大到政治生活、经济生活和社会生活的各个方面，要发展各个企业、事业单位的民主管理，发展基层社会生活的群众自治。

正是根据以上政治主张，1982年修订通过的《宪法》第一百一十一条明确规定："城市和农村按居民居住地区设立的居民委员会或者村民委员会是基层群众性自治组织。居民委员会、村民委员会的主任、副主任和委员由居民选举。居民委员会、村民委员会同基层政权的相互关系由法律规定。居民委员会、村民委员会设人民调解、治安保卫、公共卫生等委员会，办理本居住地区的公共事务和公益事业，调解民间纠纷，协助维护社会治安，并且向人民政府反映群众的意见、要求和提出建议。"1982年《宪法》对村民自治制度的兴起具有重要价值：首先，它以国家根本大法的形式高度肯定了村民委员会的法律地位，将村民委员会制度上升为国家战略。其次，它确定了村民委员会的基层群众性自治组织性质，并规定村民委员会的机构设置及其职能。最后，它明确了村民委员会与基层政权的法定关系，指出村民委员会不再是基层政权组织的下属机构，而具有相对独立性与自主性。这些规定无疑对村民自治的兴起具有决定性的意义，也为今后村民自治的组织架构、组织形式及相应的制度安排指明

---

① 《邓小平文选》(第2卷)，人民出版社1994年版，第146页。

了方向。

　　1986 年 9 月,中共中央和国务院印发了《关于加强农村基层政权建设工作的通知》(以下简称《通知》),要求在加强基层政权建设的同时,也要对如何搞好村民委员会建设给予高度重视。《通知》指出,各级党委和政府要高度重视部分地区尤其是经济困难地区的村民委员会组织建设,要帮助村民委员会建立健全人民调解、治安保卫、公共卫生、社会福利等工作委员会(组)和各项工作制度,妥善解决村民委员会工作人员的经济补贴和工作中遇到的困难,以此激发广大村民民主参加社会生活管理的积极性,进一步发挥群众自治组织的自我教育、自我管理、自我建设、自我服务的作用。这表明,国家的注意力开始向基层政权以下的村级组织和体制建设倾斜,由此加速了村民自治的兴起。最终以国家法律形式系统明确村民自治原则、组织形式等内容的是 1987 年 11 月第六届全国人大常委会第二十三次会议审议通过的《中华人民共和国村民委员会组织法(试行)》[以下简称《村组法(试行)》]。该法第一条就开宗明义地指出,该法的制定就是"为了保障农村村民实行自治,由村民群众依法办理群众自己的事情,促进农村基层社会主义民主和农村社会主义物质文明、精神文明建设的发展"。随后各条分别从村民委员会的性质、职能、乡村关系、设立原则、组织架构等方面做了详细规定。特别是第三条明确规定:"乡、民族乡、镇的人民政府对村民委员会的工作给予指导、支持和帮助。村民委员会协助乡、民族乡、镇的人民政府开展工作。"这就明确了乡、村之间的关系是指导与协助关系而非领导与被领导关系,既为村民自治的原则确立奠定了前提,又为村民自治的实施留下了制度空间。所以说,《村组法(试行)》的颁布,标志着村民自治制度在我国的兴起。

第二节　村民自治制度的法定过程

发端于"草根"的村民自治，缘起于乡村社会内部，具有社会自发和自我组织的特点，是一种群众性的自我整合。但是，当村民自治从社会自发上升为国家制度并在全国推广时，就需要国家建立起相应的法律法规体系，以国家法定制度规范村民自治进程，将村民自治制度的运行纳入法治化的轨道。村民自治制度的法定过程大体可以分为两个阶段。

一、《村组法》试行阶段

村民自治制度一经产生就引起了国家高层的关注。早在1982年，时任全国人大常务委员会委员长的彭真在全国政法工作会议上就指出："村民委员会如何搞，包括和基层政权的关系问题，各地可以根据实际情况采取多种形式试验，待经验比较成功后，再作比较研究，并修改居民委员会条例，制定村民委员会条例。"①1983年中共中央、国务院下发的《关于实行政社分开建立乡政府的通知》首次明确提出了要制定村民委员会组织条例，开展立法工作："各地在建乡中可根据当地情况制订村民委员会工作简则，在总结经验的基础上，再制订全国统一的村民委员会组织条例。"村民自治立法由此提上日程。从1984年到1987年，在长达4年的时间里，国家投入了大量人力、物力与才智，几

---

①　《彭真文选》，人民出版社1991年版，第431页。

经磋商,数易其稿,《村组法(试行)》最终于 1987 年 11 月 24 日经第六届全国人民代表大会常务委员会第二十三次会议审议通过,及时弥补了村民自治发展初期的法律空白。虽然只是试行,但是它明确了村民自治的法定性质与法定地位,为广大村民通过村民委员会实行自我管理、自我教育、自我服务提供了法律依据,有效推动了村民自治制度在全国范围内的推广。

《村组法(试行)》全文虽然不足 3000 字,但是对村民委员会组织的内部结构关系与外部复杂关系做了明确规定,大体包括村民自治的主体与范围、村民委员会的行政任务与构成、村民委员会与上下左右各方的关系以及村规民约等 4 个方面的内容。不过也要看到,该法在完备程度与实践操作方面还存在一定不足,主要表现在:一是该法规定过于笼统,在面对中国农村实际差异性时,操作性成为问题。二是该法突出村民的自我管理、自我教育与自我服务,更加强调村民的自治性,而对程序民主重视不够,文中没有规定具体有效和具有操作性的程序,一定程度上影响了村民自治的实践。三是该法更多规定了村民自治的“应然”,即应当怎么做,但没有规定如何规制这些应然措施及违反这些应然措施应给予何种处罚。由于缺乏必要的监督保障机制,村民自治实际运转绩效受到了影响。四是该法在定位上只是一个“组织法”而非“村民自治法”,导致法定范围要小得多,内容也简单得多。虽然后来《村组法(试行)》在修订时进行了补充与完善,但依然未能有效解决这些问题。《村组法(试行)》存在上述遗憾的原因是多样性的,但有两条较为重要:一是该法制定之时,我国村民自治尚处于发展初期,不仅人民对村民自治制度的认识尚不充分,而且村民自治自身隐藏的问题尚未充分暴露,导致该法不完备。二是该法是国家层面的宏观的制度设计,这就决定了该法不可能过于细化,而是出于对中国农村复杂状况的考虑,要留给地方自主创造的空间。对此,彭真同志明确指出:“一个法搞得很宽很细,势必难于在全国通用。"①

彭真同志的说法是正确的，这从随后各省、自治区、直辖市相继颁布的实施办法中可见一斑。据统计，到 1989 年底，全国进行试点工作的县区达到 1093 个，到 1991 年时，全国约有1178 个县级单位全面贯彻实施了《村组法（试行）》。② 最早细化《村组法（试行）》的是福建省。福建省于 1988 年 9 月 2 日经第七届人大常委会第四次会议审议通过了《福建省实施〈中华人民共和国村民委员会组织法（试行）〉办法》。该实施办法的亮点在于将《村组法（试行）》的 21 条简化为 17 条，并在内容上根据福建省实际做了进一步细化。例如，第四条规定："村民自治的主体是村民群众，在遵守宪法、法律和法规的原则下，村民会议具有本村最高决策的权力。"这比《村组法（试行）》更加强调村民群众在村民自治中的主体地位。再如，在村民委员会成员任职资格方面，第五条除了保留《村组法（试行）》的规定外，还特别补充增加了由"勇于开拓创业的人担任"的条件。这比《村组法（试行）》有关条款又有所细化，更加具有可操作性。继福建省之后，其他省份也纷纷制定并通过《村组法（试行）》的实施办法。时间分别如下：浙江省，1988 年 11 月 28 日；甘肃省，1989 年 7 月 20日；贵州省，1989 年 7 月 26 日；湖北省，1989 年 8 月 26 日；湖南省，1989 年 12 月 3 日；河北省，1990 年 6 月 20 日；黑龙江省，1990 年 8 月 24 日；辽宁省，1990 年 9 月 21 日；青海省，1990 年11 月 3 日；陕西省，1990 年 12 月 28 日；天津市，1991 年 1 月 29日；山西省，1991 年 5 月 12 日；四川省，1991 年 5 月 28 日；吉林省，1991 年 7 月 13 日；新疆维吾尔自治区，1991 年 8 月 31 日；宁夏回族自治区，1992 年 5 月 10 日；山东省，1992 年 5 月 10

---

① 《彭真文选》，人民出版社 1991 年版，第 607 页。
② 民政部基层政权建设司农村处编：《村民自治示范讲习班教材》，中国社会出版社 1990 年版，第 110 页。

日;河南省,1992 年 8 月 25 日;内蒙古自治区,1992 年 10 月 10 日;安徽省,1992 年 12 月 29 日;西藏自治区,1993 年 12 月 26 日;江苏省,1994 年 6 月 25 日;江西省,1994 年 10 月 24 日。①当然,也要看到,尽管中央层面给予了大力支持和推动,以及一些省份对《村组法(试行)》积极响应,但在实施过程中也遇到了一些阻力,有些地方不配合甚至持反对的态度,致使有的省份迟迟没有制定《村组法(试行)》的具体实施办法。

二、《村组法》正式实施阶段

从 1987 年起,在国家的积极推动下,村民自治在《村组法(试行)》的框架下顺利推行,以村民自治为主要内容的基层民主政治建设成为中国特色社会主义民主政治建设中一道亮丽的风景线。基于村民自治在基层社会所进行的伟大民主试验,党的十五大对以村民自治为主要内容的基层民主给予了高度肯定,并认为村民自治"扩大基层民主,保证人民群众直接行使民主权利,依法管理自己的事情,创造自己的幸福生活,是社会主义民主最广泛的实践"②。彭真对此也有高度评价,他认为农民群众"实行直接民主,要办什么,不办什么,先办什么,后办什么,都由群众自己依法决定,这是最广泛的民主实践。……八亿农民实行自治,……真正当家作主,是一件很了不起的事情,历史上从没有过"③。为了进一步规范和推进村民自治,1998 年 11 月九届全国人大常委会对《村组法(试行)》进行修订,并通过了《中华人民共和国村民委员会组织法》(以下简称《村组法》),标志着村

①　王振耀、汤晋苏:《中国农村村民委员会法律制度》,中国社会出版社 1996 年版,第 28—29 页。

②　赵仲三主编:《党员手册:贯彻"两会"重要精神学习资料汇编第 3 卷》,人民日报出版社 2004 年版,第 837 页。

③　《彭真文选》,人民出版社 1991 年版,第 608 页。

民自治进入正式实施的全新阶段。与《村组法(试行)》相比，《村组法》去掉了"试行"二字，说明村民自治成为一项正式的国家法律制度。与此同时，《村组法》还将村民自治从"三个自我"发展到"四个民主"，规定"村民委员会是村民自我管理、自我教育、自我服务的基层群众性自治组织，实行民主选举、民主决策、民主管理、民主监督"。民主成为村民自治发展的重要导向。

民主选举主要解决村民委员会的产生问题，要求村民委员会干部由全体村民或村民代表选举产生，任何个人和组织都无权指定、委派或撤换村委会干部。在村委会选举中，从候选人提名到当选，都有严格的规则和程序，如选举委员会制度、直接提名制度、差额选举制度、半数以上选举有效制度、秘密写票制度、无记名投票制度、当场公布选举结果制度、罢免制度等。民主决策主要解决村庄公共事务与公益事业发展的决定问题，要求凡是涉及村民切身利益的事项，必须由村民民主讨论，按多数人的意见做出决定。其决策规则和程序主要包括会议双重召集制度、会议及会议决定过半数有效制度、村民会议授权制度、村民会议权威保证制度。民主管理要求村庄内部公共事务的管理要遵循村民意见，吸收村民直接参与，主要包括两个方面：一是共约式管理制度，即根据法律和本村实际，由村民会议讨论和制定村民自治章程和村规民约，明确界定村内组织的权力和责任、个人的权利和义务，使之成为村务管理的基本依据。自治章程和村规民约具有共约性，任何人都不得违背。二是参与式管理制度，即村民委员会在进行日常管理中，要广泛吸取村民意见，不得强迫命令；要认真听取不同意见，不得打击报复。民主监督则要求村民对村民委员会的工作和村内公共事务进行监督，保证村民意志得到充分体现。主要包括民主评议制度与村务公开制度。①

---

① 徐勇：《村民自治：中国宪政制度的创新》，《中共党史研究》2003年第1期，第66页。

民主选举、民主决策、民主管理与民主监督构成了村民自治的"四驾马车"，但是从实际发展看，民主选举往往快于民主决策、民主管理与民主监督。所以，民主选举成为这一时期村民自治发展的突破口。2002年，中共中央办公厅、国务院下发了《关于进一步做好村民委员会换届选举工作的通知》，明确指出："由村民直接选举村民委员会，是法律赋予村民的一项基本民主权利，是基层民主的重要体现。搞好村民委员会换届选举，必须充分发扬民主，切实保障广大村民在选举各环节中的权利，使村民委员会的选举真正体现农民群众的意愿。"同时，考虑到"四驾马车"发展的不均衡性，为了进一步推动"民主决策、民主管理、民主监督"这"后三个民主"的发展，2004年，中共中央办公厅、国务院又下发了《关于健全和完善村务公开和民主管理制度的意见》，要求"进一步健全村务公开制度，保障农民的知情权；进一步规范民主决策机制，保障农民群众的决策权；进一步完善民主管理制度，保障农民群众的参与权；进一步强化村务管理的监督制约机制，保障农民群众的监督权"。

自《村组法》正式修订颁布后，广东、安徽、河北、山西、浙江、江西、湖南、云南、辽宁、陕西、上海、福建、山东、宁夏、贵州、内蒙古、甘肃等地也陆续制定了《中华人民共和国村民委员会组织法实施办法》。山东、广东、甘肃、湖北、安徽、青海、新疆、上海、陕西、天津、河北、黑龙江、浙江、贵州、云南、辽宁、福建、湖南、江苏、北京、宁夏、吉林等省、自治区、直辖市还制定了《村民委员会选举办法》。广东省还制定了《广东省农村集体经济审计条例》，河北省还制定了《河北省村务公开条例》。这些"实施办法""选举办法""村务公开条例"等地方性法规，不仅更加完善和丰富了村民自治的法律法规体系，促进了村民自治的法治化建设，而且具有很强的可操作性，有力地推动了各地村民自治的健康发展。

第三节　基层村民自治制度的实践

中国村民自治是一项前所未有的伟大事业，它的成长与发展既离不开国家政策的大力推进、法律制度的有效保障，又离不开在国家引导下各个地方的自主实践与创新。换言之，作为新事物的村民自治，其制度体系的建立是一个逐步发展的过程，也是一个通过实践与创新而不断完善的过程。尤其是随着村民自治的深入发展，村民自治在实践中难免会出现新情况、产生新问题，这就需要基层人民群众根据具体情况，充分发挥人民智慧进行创新，推动村民自治制度的良性发展。

一、吉林省梨树县的"海选"

"海选"是人民群众在村民自治实践中的伟大创造，是一种产生村委会候选人的方式，特点是放手让有选举权的村民自由提名自己认可的候选人，上级部门的领导、村党支部不加干涉。"海选"的产生源自吉林省梨树县北老壕村人民群众的集体智慧。针对既有村委会领导班子的不团结及村民的强烈不满，乡政府在民意测验的基础上，顺应民意，要求村委会选举中，不画框子、不定调子、不提候选人，谁当村委会干部完全由群众民主投票选举决定。这种由选民直接提名、确定候选人的选举方式，被群众形象地称作"海选"。

1998 年,吉林省梨树县开始了第四届村民委员会换届选举。与前三届换届选举不同,在此次选举前,梨树县印发了《梨树县第四届村委会选举办法》和《梨树县第四届村委会选举工作方案》,并成立了由县委主要领导领衔、有关部门领导参与的梨树县第四届村委会换届选举工作领导小组。根据《梨树县第四届村委会选举办法》和《梨树县第四届村委会选举工作方案》规定,前三届的"海选"制度在此次选举中出现了华丽转身,上升到一个新高度,即由以前的海选 1.0 版本升级为 2.0 版本。主要体现在三个层面:第一,换届选举前要审计村级财务,并对报名竞选的候选人进行筛选和资格认定,不达标者不能参加竞选。第二,将"海选"候选人改为直接"海选"村委会成员,并将三轮选举简化为两轮选举,即取消"海选"候选人程序,不再设置候选人的直接投票选举,而是规定直接"海选"村委会成员,以此简化选举的组织操作。第三,优化选举程序和方法,使选举更科学、便捷、合理、有效。例如,选举方式更加灵活多样。除了采取以往投票方式外,还允许使用"函投"(信件投票)和"电投"(电话投票)方式,以更好适应当前中国农村选民分散的特点。再如,计票方法从以前的职务单独计算方法改为"上票下加"计票法,即"高位"得票可以加到"低位"上。另外,第四次换届选举还实行"五统一"与"五坚持"。"五统一"就是选举时间统一、选举程序统一、选举文书样式统一、颁发当选证书统一和立卷归档统一。"五坚持"就是坚持先选村民代表后选村委会成员;坚持竞选演说;坚持"海选"办法;坚持设立秘密画票间,实施直接、差额和无记名投票;坚持候选人条件、选举程序、选举办法和选举结果的完全公开透明。这使得选举更加规范。"海选"模式对村民民主选举具有重要价值和意义。正如王仲田、詹成付所评价的那样,"这种中国式的竞选尽管在内容和形式上与西方国家的竞选有本质区别,但它毕竟体现了自由选举、平等竞争的原则,这对于落后的中国农村来说,对于过去死气沉沉的形式主义选举来说,无疑是一重大的、历史性的突破，也可以说它是整个中国农村选举中最大胆、最重要的突破"①。

二、福建省龙岩市的"村民联名提名"

如何确定候选人是民主选举的核心要件之一。1987年颁布的《村组法（试行）》第八条明确规定："村民委员会主任、副主任和委员，由村民直接选举产生。村民委员会每届任期三年，其成员可以连选连任。年满十八周岁的村民，不分民族、种族、性别、职业、家庭出身、宗教信仰、教育程度、财产状况、居住期限，都有选举权和被选举权；但是，依照法律被剥夺政治权利的人除外。"不过，对到底怎么确定候选人、如何进行选举等具体事宜并没有做出直接规定，这既为基层村民民主选举留下了困惑，也留下了创新余地。其中，缘起于福建省龙岩市的村委会成员候选人提名模式就是一种。1989年6月，福建省龙岩市在村民委员会选举中明确规定："候选人的产生方式，包括初步候选人的提名方式和正式候选人的确定方式两种。"初步候选人的提名，改变了以前村民先选代表再由代表代表村民推选村委会成员的做法，规定："候选人由村民5人以上联名提名，党支部、村委会主任、经济联合社等有关组织也可以联合或单独推荐候选人，均享有平等的资格。"正式候选人的确定方式，也由以前的代表推选改变为通过村民小组会议或代表座谈会、对话会和个人征求意见等形式，在充分民主协商的基础上，根据少数服从多数的原则确定正式候选人名单。如果初步候选人提名过多且村民意见难于集中，龙岩市又规定，可以采取预选的办法确定正式候选人。当然，此时在村民委员会候选人提名方面并不排斥党支部等其

---

① 王仲田、詹成付：《乡村政治——中国村民自治的调查与思考》，江西人民出版社1999年版，第149页。

他组织推选提名的方式。1990 年 12 月,为了防止乡镇基层政权通过党组织推选提名方式过多干涉村民民主选举,以此体现所谓的"组织意图",福建省在《福建省村民委员会选举办法》中取消了党组织等推选候选人的办法,只保留了"村民 5 人以上联名提名"的内容,这与以前相比无疑是一种进步。1993 年福建省又进一步对 1990 年版的《福建省村民委员会选举办法》进行修订,但是村民委员会候选人提名方式依然保留了"村民 5 人以上联名提名"的规定。

虽然从当前视角看,福建省龙岩市的"村民联名提名"模式好像并没有多少新意,但是对当时而言却具有重要价值。它是在《村组法(试行)》框架下结合当地实际而进行的一种有益探索,是对村民委员会选举产生规定的再细化,通过有安排、有步骤、有程序的具体操作方法让民主选举落地。正如白钢、赵寿星所言:"福建的经验是选举立法先行,然后依法组织选举,在全省范围内实行两个统一,即候选人提名方式统一、确立正式候选人的方式统一。这种模式不但使候选人的产生方式规范化,而且可操作性强,便于推广。"[①]

三、河北省承德市的"八步直选法"

1996 年 7 月,河北省承德市围场满族蒙古族自治县龙头山乡大字村,在第四届村民委员会换届选举中总结创造了"八步直选法"。"八步直选法"是对《村组法》中"村民委员会主任、副主任和委员,由村民直接选举产生"规定的具体化和规范化,它把村委会选举从制订方案、安排日程至新班子选出并建立规章制度的全过程,分解为选举部署、选举发动、选民登记、组成村民代表会、产生候选人、正式选举、建立组织机构及建立规章制度八

---

① 　白钢、赵寿星:《选举与治理》,中国社会出版社 2001 年版,第 165 页。

个依序进行、有机衔接的基本步骤。

第一步，选举部署。大字村在第四届村民委员会换届选举中首先确定了选举指导思想，即由村民按照"民主平等、竞选择优、公开公正"的原则，直接选举产生一个"政治坚定、开拓进取、公道正派、热心服务、有能力带领村民发展经济和共同致富奔小康的村民委员会班子"。为了更好地推动民主选举有序进行，在县、乡换届选举指导组的指导下，在村民代表会议充分讨论决定的基础上，成立选举工作领导小组，负责领导、组织和主持选举工作，并及时向村民公布选举工作领导小组名单，自觉接受村民监督。

第二步，选举发动。一是以公开信方式详细向全体村民介绍换届选举的必要性及其意义，要求广大村民积极参与，密切配合；二是拟定换届选举工作宣传提纲，明确村民委员会选举的基本原则和选举中要注意的问题；三是以"问答"的形式印发资料，向村民解答选民资格、村委会成员候选人应具备的条件等有关知识，努力让民主选举的相关知识家喻户晓，深入人心。

第三步，选民登记。选民登记包括以下环节：一是严格按照《村组法》的选民资格规定，以发布公告的方式通知经登记确认有选民资格的村民；二是印制选民登记名册，明确选民姓名、性别、出生年月日、户口所在地、所在村民小组、身份证号码等内容；三是选举工作领导小组认真审查确认选民资格的有效性，并向全体选民发布审查报告；四是发布选民名单和颁发选民证。

第四步，组成村民代表会议。大字村以村民小组为单位，分别召开选民大会，按照每10户选出1名村民代表的原则，民主选出本组的村民代表，再组成村民代表会议。

第五步，产生候选人。大字村对村委会成员候选人综合素质严格把关，要求候选人不仅政治坚定，而且有一定的组织领导能力,懂经营会管理,能够带领群众共同致富;不仅廉洁公道、遵纪守法,而且有较高威信,更有"为官一任,致富一村,保一方平安"的奉献意识,并且通过 10 人以上的选民联名提名、党组织群众团体提名、村民小组提名和村民自荐 4 种提名相结合的方式确保把符合上述条件的人筛选出来。在正式候选人确定方面,大字村按照差额选举原则,通过召开预选大会的方式加以确定。预选的具体步骤是验收选民证、发放选票、入秘密画票间、投票、计票并当众宣布预选结果。

第六步,正式选举。大字村的投票选举以选举大会方式进行。考虑到有些选民因老弱病残等而无法到会,还专门设计了流动票箱。正式选举主要由验收选民证、发放选票、进入秘密画票间填写选票、投票、计票、宣布选举结果等步骤组成,其工作标准流程与预选大会相同。

第七步,建立组织机构。主要包括 2 部分:一是组织成立村民调解委员会、村治安保卫委员会、文教卫生委员会、社会福利委员会、计划生育委员会等村委会下设机构。二是召开村民小组会议,选举产生村民小组长,并统一公布当选者名单。

第八步,建立规章制度。制定了《村民代表会议制度细则》《大字村村规民约》《村民委员会会议制度》《村财务管理制度》《村民委员会廉洁从政守则》等一系列规章制度,以保障新选举产生的村委会班子规范、高效地运转。

河北省承德市的"八步直选法",得到了民政部领导和中外专家学者的高度评价,并被视为中国农村民主选举跨入规范化发展阶段的重要标志。正如中国社会科学院白钢研究员所说:"围场的'八步直选法'标志着中国农村民主选举已跨入了规范化发展阶段,为中国的民主进程做出了贡献。"①

---

① 李津才主编:《承德巨变:纪念建国五十周年》,中国档案出版社1999 年版,第 406 页。

四、山西河曲的"两票制"

"两票制"分为两种类型，一是村委会选举，二是村党支部选举。就村委会的选举来说，先投第一票，即"预选票"，村民称之为"白票大选"，具体做法是在没有任何提名的情况下，发给每个选民一张白纸，由选民自己确定候选人。接着，选民再投第二票，即"选举票"，从而选出村民委员会成员。选举经过两票的程序，所以称这种选举模式为"两票制"。① 山西河曲的"两票制"主要体现在村党支部班子建设上，实行群众投信任票推荐支部委员候选人，党员投选举票选举支部班子。随着农村政治、经济体制的新旧转换和商品经济的深入发展，河曲县城关镇、旧县乡一些农村干部产生了困惑感和失落感，出现了与改革大潮相悖的现象：有的只顾私利，谋取家庭富裕；有的沿用传统简单工作作风处理村庄大事；有的腐败堕落，损害党在广大农民中的形象；等等。部分村民也纷纷越级上访，集体告状，张贴大小字报，村庄秩序严重恶化。基于上述问题，城关镇和旧县乡党委积极尝试"两票制"民主推荐、选举农村党支部班子的新探索、新尝试，开辟了一条强化农村基层党组织建设的新路子。基本做法是：首先，让原任党员干部在村民会议上"亮相"，向群众做述职报告。在组织群众进行"面对面"和"背对背"民主评议的基础上，村大人多的支部，让村民（一般每户推选一人做代表）推荐支委候选人，也就是投信任票；村小人少的支部，则由村民直接推荐支书、支委候选人。支委候选人从得票较多的党员中产生，信任票不过半数者则没有资格当选候选人。其次，召开党员大会，根据村民投票推荐的结果，经反复酝酿讨论，提出正式支委候选人，征得上级党委同意后，经党员大会无记名差额预选或等额直

① 白钢、赵寿星：《选举与治理》，中国社会出版社 2001 年版，第 165 页。

接选举支委和支书、副支书,组建新的一届支部班子。

　　"两票制"自实施以来,在党内外引起极大反响,其社会效益和经济效益十分明显。不仅干群关系明显缓解,党群关系更加密切,社会秩序更加稳定,而且党支部班子结构更加优化,凝聚力、吸引力和战斗力明显增强。例如,当时旧县乡新选举产生的20个村支部,带领村民全年治理小流域5100多亩,建成高标准高质量梯田1853亩,推广地膜覆盖1579亩。各村筹集资金80万元,修正煤矿巷道8000米,实现了安全生产。[①] 由于成效明显,"两票制"很快在其他省份得到推广。河南省、安徽省、广东省、四川省、河北省在1997年至1999年党支部和村委会选举以及乡镇长选举中,有一些地方就采用了"两票制"的做法。

　　当然,在村民自治的发展历程中,人民群众的制度创新不只这些。例如,山东莱西市的"村务公开制度"、浙江温岭的"民主恳谈会制度"、湖北随州的"两会决策制度"等,其实都是人民群众在村民自治的实践中不断摸索而形成的制度创新。这些制度创新彰显了中国人民的伟大历史创造力,也为丰富和完善村民自治的制度体系做出了积极贡献。在这些制度中,有的上升为国家的制度规范而被写入法律条文,如"海选"原则被写入《村组法》之中;有的则引起中央重视,并在全国积极推行,如中共中央办公厅、国务院办公厅《关于健全和完善村务公开和民主管理制度的意见》中要求成立跨部门的全国村务公开协调机构,开展村务公开民主管理示范活动;还有的则在各地村民自治实践中被广泛运用。

---

　　① 周子卿、赵振基:《"两票制"——农村党组织建设的有益尝试》,《乡镇论坛》1992年第6期,第7页。

第四节　村民自治与中国特色
民主政治制度

　　村民自治制度从上升为国家政策法规在全国推广至今已有30多年，它是中国共产党人在马克思主义指导下，根据中国国情对民主道路和形式的一种探索，是亿万农民群众在中国共产党的领导下，对民主形式和途径的主动选择。这种探索与选择，创造性地丰富和发展了马克思主义的社会民主自治理论，也成为中国特色社会主义民主政治的重要组成部分。

一、中国村民自治制度的独特性

　　村民自治作为基层民主的重要实践形式，是中国农村社会治理的一种重要方式。这种方式与西方国家所设置的农村基层政府及基层自治单位不同，中国农村的村民自治制度具有两个独特性。

　　一是中国农村村民自治的经济基础是生产资料集体所有制，乡村社会中的个体与集体密切相连。从世界范围来看，西方国家的农村生产资料主要以个人所有为基础，基层自治组织也往往以个体为本位。这种产权属性也就决定了自治组织成员之间联系相对松散，个体独立性强。例如，日本农村存在"自治会""集落""町内会"等多种形式的自治组织，其主要任务是和睦邻里、防火防盗、保护环境、举办文体、互助互利及与市町村保持联系，反映当地村民的各种诉求并传达市町村的相关政务等。村民是否加入上述自治组织完全出于自愿,即村民可以以不同的方式加入不同的自治组织,也可以不加入任何自治组织。这种较强的独立性与个性化,虽然有效尊重了村民的意愿,但是过于松散的组织关系也使得集体行动难以达成,乡村公共事务的处理效率相对不高。

中国农村实行生产资料集体所有,集体产权属性决定了村民个体与集体之间紧密关联。在村民自治试行期间,村民委员会的设置是以村民生活紧密联系的自然村为基本单位的。但是,由于全国自然村有大有小,有多有少,形式不一,这给村民委员会的具体设置带来不便,因此,国家为统一村民委员会体制,便于统一管理,在村民自治正式实施时期,便将村民自治的基本单位从自然村上升为行政村。以行政村为基本单位开展村民自治,可以为更大范围内的村民提供公共产品与公共服务。例如,中国农村公共事务内容相当丰富,从出生到坟墓,从生产到生活,计划生育、殡葬改革、经济发展、家庭纠纷、村户卫生等,都属于公共事务范畴。作为自治组织的村民委员会还需处理集体所有的土地和其他财产、发包土地、兴建公共设施、管理集体经济组织等经济事务,除此之外,还要协助政府办理各项国家事务,如传达与落实国家政策法令等。因此,作为自治组织的村民委员会既有社会(自治)属性,也有经济属性,还有行政属性。多重属性的集合,也就决定了作为自治主体的村民与作为自治组织的集体之间紧密相连,这是中国特有的,也是世界少有的。这也意味着,中国农村的村民自治只有动员广大农民群众广泛参与才能共同处理好众多的公共事务,同时也意味着中国农村的村民自治必然具有复杂性,要使每位村民都能更具法定程序地集体行动起来,自主处理好众多事务,定然需要一个长期的过程。

二是中国农村的村民自治是中国共产党领导下的直接民主,实行人民群众自治。自治不一定是民主的,但民主一定需要自治。民主自治又需要以分权为前提。分权可以存在不同形式，如中央与地方的分权、国家与社会的分权等。中国农村村民自治是广大农民群众参与基层社会事务管理的民主形式，体现着国家与社会的分权原则。甚至可以说，中国农村村民自治的实行其实就是国家向社会分权和社会发育的共同结果。与一些国家的基层组织既是自治组织单位又是基层政府组织不同，如印度的村庄潘彻亚特，中国农村村民委员会是基层群众性自治组织而非基层政府组织，主要具有自治属性而非行政属性。不过，需要注意的是，村民在行使村民自治民主权利过程中，必须接受中国共产党和政府的领导与指导。所以，在中国农村社会中，除了村民自治组织外，还有中国共产党的基层组织，如村党支部，是村级组织的领导核心，对村民自治组织实行领导。这种体制有时也会引起很多人的不解，即中国农村既要实行村民自治，又要强调村级党组织的领导核心作用，那么如何保障广大农民群众的民主权利呢？产生这种质疑其实是因为对中国农村村民自治的性质和特点缺乏深入了解。中国农村村民自治是基层群众自治性的村民自治，村委会只是承载民主权利行使的一种形式而已。广大村民在行使民主权利，自己管理自己事情的过程中，需要基层党组织的领导、组织和支持。首先，中国共产党以全心全意为人民服务为宗旨，支持人民群众当家作主是核心要义之一，这与基层广大农民群众通过村民自治行使当家作主权利高度一致。其次，民主化是一个逐步制度化的过程，需要以政治稳定为基本前提。坚持基层党组织对村民自治组织的领导，可以为村民自治提供必要的政治社会条件，实现政治民主与政治稳定间的平衡。最后，虽然人民群众是历史发展的真正推动者，但是人民群众并不能自发地从"自在"阶级走向"自为"阶级，也不能真正认识到自身的根本利益。这就需要由人民群众中的优秀分子所组成的中国共产党加以领导，打破农村社会中一些阻碍民主发展的藩篱，引导、指导广大农民群众真正地、正确地行使民主权利，保持村民自治的健康发展。也正因如此，恩格斯才断言："权威与自治是相对的东西，它们的应用范围是随着社会发展阶段的不同而改变的。"①当然，在中国共产党领导下实行村民自治，毕竟是一种特殊的自治形式。这种独特性虽然有利于从体制上保障村民自治有步骤推进与有序性发展，但是也会使村民自治陷入如何处理党支部与村委会、村务与政务等系列复杂关系之中。

二、中国村民自治制度的价值性

村民自治是广大农民群众继家庭联产承包责任制之后，勇于冲破旧体制的束缚，在建设中国特色社会主义民主政治实践中的又一伟大创造，也是广大农民群众实践精神、探索精神和首创精神的重要实践，为中国农村开辟了一条发展中国特色社会主义民主政治的独特道路。

一是村民自治是对我国民主政治制度的补充和完善。邓小平同志曾深刻指出："没有民主就没有社会主义，就没有社会主义的现代化。"②这表明，加强民主政治建设，切实保证人民群众享有最广泛的权利和自由是我们建设中国特色社会主义的应有之义。从民主形式上看，有直接民主与间接民主两种。我国人民代表大会制度是一种间接民主形式，也是一种能够充分保证人民群众行使民主权利的最好形式。但是，发扬和完善中国特色社会主义民主单靠一种形式还远远不够，需以其他形式辅助。扩大基层民主，在基层社会逐步实行更多的直接民主形式，更有利于发展社会主义民主。村民自治是一种崭新的直接民主形式，它不仅可以直接展示社会主义赋予广大农民群众民主权利

---

① 《马克思恩格斯选集》第 3 卷，人民出版社 1995 年版，第 226 页。
② 《邓小平文选》第 2 卷，人民出版社 1994 年版，第 168 页。

的优越性,而且把农民群众的民主权利从国家宏观制度转为看得见、摸得着且具可操作性的具体实践方式,使广大农民群众可以在民主选举、民主决策、民主管理与民主监督中切实感受到当家作主的权利,体现出中国特色社会主义民主本来具有的真实性和进步性。所以,村民自治制度的实施是对中国民主政治制度的补充与完善。

二是村民自治是中国特色社会主义民主政治最广泛的实践。民主是大势所趋,不可阻挡。但是如何走出一条既有利于经济发展,又能保持社会稳定,而且人民群众又可得到实际训练的民主之路,是很多发展中国家所面临的共同难题。我国是一个发展中的农业大国,最为广阔的区域是农村,最多的人口是农民。解决好"三农"问题,让广大农民群众享受到现代民主社会所带来的成果,是我们做好一切工作的基本出发点和立足点。因此,立足我国实际,在广大农村地区全面推行村民自治制度,赋予广大农民群众最广泛的民主权利,是我们的正确选择。从实践中看,我国村民自治实践范围之广,参与人数之多,是其他任何民主形式都无法比拟的,也是难以实现的。所以,村民自治制度的实施,是发展中国特色社会主义民主政治的最大成就和最广泛、最基本的实践,创造了世界民主发展史上的一个伟大奇迹。或者可以说,正是我们坚持了村民自治这样最基本层面上的选择定位,才使中国特色社会主义民主政治建设更加扎实有效。

三是村民自治是实践中国特色社会主义民主法治的大学校。村民自治制度与传统时期的村落自治的最大不同之处在于,村民自治制度是一种法定制度,是在民主法治框架内村民自己处理自己事务的行为与过程。村民自治就像是一个大熔炉与大学校,广大农民群众和基层干部能够在这个大学校里一边实践,一边学习。因此,村民自治制度的实行其实也是广大基层干部和村民接受民主法治教育的过程。例如,在民主选举过程中,广大选民通过多次投票选举,自身民主意识和法治观念也会逐渐增强。他们在投票选举过程中,会逐步明白什么是民主、什么是法治,以及自身的民主权利如何正当行使等,有力改变了以前这些概念或者名词在农民头脑中基本处于空白的状态。例如,根据《村组法》规定,候选人的得票数必须超过实际参选选民半数方可当选,否则视为无效,且须进行第二轮选举。在一些村庄投票选举中,当出现有候选人得票数尚未超过半数,有人提出"补几张票就能当选"的建议情况时,会立即遭到反对。可见,广大农民群众的民主法治观念在逐步增强。同时,通过民主选举,广大村干部的素质也明显提高。通过民主选举,一方面,一大批有文化、有能力、懂经济、会管理、年富力强的干部被选入领导班子,增强了村委会的活力与战斗力;另一方面,改变了以前村干部积极性不高、能力不强、不按民主程序办事、不与群众商量的状况,让广大村干部在村民的监督下为民办事,密切了干群关系。

四是村民自治是有效解决农村社会矛盾、维护农村稳定发展的重要途径。随着农村社会体制改革的不断深化和社会主义市场经济体制的逐步完善,广大农民群众在获得农村改革所带来的红利,经济上逐步由贫穷落后向小康富裕跨越的同时,政治上的民主要求和参政议政愿望也日益强烈,也越来越懂得依法保护自己和监督干部,要求他们既要办事公开公正,又要廉政勤政。但在现实生活中,广大村民的美好期望与现实表现之间还存在很大差距。如少数干部过于武断,办事全凭个人喜好,不讲民主;村务由村干部说了算,村民缺少参与渠道;部分干部办事不公开不公正,引起广大村民猜忌,干群关系紧张;等等。这些问题的产生,既与村干部思想作风和工作方法不适当有关,也与广大村民参与能力不足相连,但最关键的原因还是农村治理体制相对滞后,民主法治不健全,村务管理缺乏有效监督。在村民自治的实践中,广大农民群众创造了一系列民主选举、民主决策、民主管理和民主监督制度，这些制度犹如农村社会的"小宪法"，对广大基层干部和农民群众的实际行为进行有效约束，也为上述矛盾问题的解决提供了有效途径。例如，村民可以通过民主监督（村民监督委员会）的方式对村务进行监督，确保村干部做事透明公正，有效维持了农村社会的和谐稳定。

第二章

村民自治制度
在浙江的创新与发展

村民自治制度是我国改革开放后逐步确立、不断完善的一项基本政治制度。浙江省作为我国改革开放的前沿阵地，随着农村社会开放度的不断提高，经济市场化的不断演进，村民自治制度在农村利益诉求和价值取向多样化的推动下不断创新发展。

第一节　浙江推进村民自治制度
创新发展的背景

1983 年,根据中央部署,浙江省开始撤社建乡工作,取消大队、公社设置,实行政社分离的体制。全省在政社分设,建立乡人民政府的同时,以原人民公社的生产大队为基础建立村民委员会,到 1984 年末,全省设 3257 个乡(镇)、42254 个村民委员会。1987 年 11 月,全国人大常委会颁布《村组法(试行)》。1988 年,浙江省成为少数几个制定了组织法实施办法和村民委员会选举办法的省份之一。紧接着在富阳县(现杭州富阳区)进行村民委员会换届选举的试点,由村民提名村委会成员的候选人,经乡镇把关以后,进行差额选举。此后在全省普遍推行了村民委员会选举。随着村民委员会组织法开始试行,村民自治进入普及阶段。思想认识从分歧较多到逐步统一,从示范探索到基本普及,以"民主选举、民主决策、民主管理、民主监督"为主要内容的制度框架逐步建立。1998 年,《村组法》正式颁布和《中共中央办公厅、国务院办公厅关于在农村普遍实行村务公开和民主管理制度的通知》(中办〔1998〕9 号)实施以后,浙江省村民自治进入蓬勃发展的新阶段。"四个民主"不断深化,自治组织逐步健全,制度体系逐步健全。1999 年、2002 年、2005 年、2008 年全省统一组织开展了村民委员会换届选举。2004 年,《中共中央办公厅、国务院办公厅关于健全和完善村务公开和民主管理制度的意见》(中办〔2004〕17 号)文件下发后,在充分吸收各地在村务公开、村民代表会议、村务民主恳谈、村务监督委员会等制度建设和创新经验的基础上，浙江省进一步明确提出了村务公开和民主管理工作"三个三"的目标任务，即落实村务公开内容、形式、程序"三个到位"，健全村民代表会议、村务公开监督小组、村民民主理财小组"三个组织"，推进民主议事协商、集体财务审计监督、民主评议村干部"三项制度"的建设和创新。经过多年的努力，浙江省初步将村民自治纳入法制化、规范化和程序化的轨道。那么，为什么浙江省在推进村民自治制度中出现如此创新呢？可以说，浙江的村民自治制度实践与创新同浙江农村的区域特定环境紧密相关。换言之，在浙江的村民自治实践与创新活动中，许多特殊变量和地方性因素发挥着重要作用。具体来说，这些地方性因素与特殊变量主要包括民营经济的发展、政府职能的转型、务实创新的区域文化以及大规模的农村人口流动等几个方面。

一、民营经济的发展

经济发展是民主政治发展的基础。改革开放以来，浙江省经济之所以能够在全国走在前列，一个重要原因就在于浙江民营经济的快速发展，这使得浙江经验与发展道路具有鲜明的区域特色。在经济发展结构中，浙江民营经济占有重要分量。例如，根据卢福营等人的统计，浙江非公有制经济增加值占全省GDP 比重高达 70％以上，非公有制经济的总产值、销售总额、社会消费品零售额、出口创汇额等连年居全国首位。[①] 另据《2019年浙江省国民经济和社会发展统计公报》统计，2019 年全年货物进出口总额为 30832 亿元，比上年增长 8.1％。其中，出口额

---

① 卢福营、应小丽：《村民自治发展中的地方创新：基于浙江经验的分析》，中国社会科学出版社 2012 年版，第 27 页。

为 23070 亿元,增长 9.0％,占全国总额的 13.4％,份额比上年提高 0.5 个百分点;进口额为 7762 亿元,增长 5.8％。民营经济出口额为 18415 亿元,增长 11.5％,占出口总额的 79.8％,比重比上年提高 1.8 个百分点。可以说,浙江省在人多地少、自然资源贫乏、国家投资少、经济发展先天条件不足等情况下,通过自身努力逐步走出一条民营经济快速发展的道路,取得了巨大的经济发展成就。

民营经济的快速发展,使得农村社会较早出现了经济分层,经济分层又带来社会分化。一个最为明显的分化就是一大批经济能人在乡村社会崛起。"改革开放以来,个体工商户阶层一直保持着很快的发展速度:1978 年只有 15 万人,1988 年已达 1070 万户,1999 年全国有 3160 万户,从业人员 6241 万人,其中在农村的有 1968 万户,从业人员 3935 万人。而私营企业主阶层虽然是改革后出现的一个新兴阶层,但它不仅发展很快,而且已经进入中国社会阶层结构中的上层。1999 年,全国 1508857 家私营企业中,办在农村的就有 614877 家,占 40.75％。这 61 万多家农村私营企业共计有投资人约 100 万人。"[①]与此同时,村民自治制度在农村社会的推进,在突破传统计划经济体制框架的同时,也给这些崛起的经济能人登上乡村社会的政治舞台提供了重要机会与空间。在这种背景下,浙江农村各地纷纷涌现出一批批私营企业主、农业专业大户、个体工商业大户等新兴经济能人,他们积极参与村庄公共生活,参与或主政村庄政治,形成了引人瞩目的能人政治现象。"改革开放后,一批懂经营、善管理,在经济发展中具有超凡能力并经实践证明是卓有成效的人士在农村迅速崛起,并随着农村民主政治特别是村民自治制度的发展而逐渐进入乡村公共权力领域,成为社区的领袖人

---

① 陆学艺:《当代中国社会阶层研究报告》,社会科学文献出版社 2002 年版,第 94 页。

物,并由此形成能人型治村模式。"①例如,2017 年浙江选举产生新一届村党组织班子成员 96632 名,其中有创办企业、务工经商、规模种养经历的为 68649 人,占 71%,较上届提高 5.7%。

二、政府职能的转型

改革开放后,"全能国家"伴随着人民公社体制的解体逐渐退出历史舞台,政府也从无所不包的全能模式走向"有限理性的有为政府"。20 世纪 80 年代以来,浙江省积极推进行政管理体制改革,逐步实现政府从直接管理走向间接管理,从微观管理走向宏观管理,并激发市场活力,在市场需求面前不越位、不错位、不缺位,在激活市场潜力的同时,厘清行政与市场的边界,把该由市场运作的事务交给市场,把必须由政府兜底的事务交给政府,从而推动政府角色从"划桨"走向"掌舵",从大包大揽走向有限理性的有为。换言之,政府不再直接干预经济活动,而是把工作重点放在做好发展规划、提供公共服务、营造良好环境等方面。例如,针对部分地方农民自发推进包产到户的实际,浙江省委省政府于 1980 年 10 月就开始允许长期生产靠贷款、生活靠救济、吃粮靠返销的"三靠"生产队搞包产到户。1982 年上半年,凡是推行"双包"到户的地方,春粮、早稻都获得大幅度增产。当年 8 月召开的全省农村工作会议强调"要尊重多数群众的意愿,把选择责任制的权力交给群众",以鲜明的态度肯定家庭联产承包责任制,提出经济发达地区也要推行这种责任制。此后家庭联产承包责任制快速在全省推广实施,激发了广大农民生产积极性,极大地推进了全省农业生产。1984 年与 1978 年相比,粮食总产量从 1467.2 万吨增加到 1817.15 万吨,增长 23.9%;生

---

① 卢福营:《能人型村治模式的崛起和转换》,《社会科学》1991 年第 9 期,第 60 页。

猪出栏数从 875.7 万头增加到 1247 万头,增长 42.4%;农民人均纯收入从 165 元增加到 446.37 元,增长 170.5%。1984 年,根据中央政策,浙江省将农村土地承包期延长为 15 年。1987 年,浙江省政府出台《浙江省农业承包合同管理试行办法》,规定了家庭联产承包责任制的土地发包、合同签订、承包经营权流转、违约责任及纠纷调处等基本制度。同年又出台《关于发展村级集体经济完善双层经营体制的通知》,完善集体统一经营层次以更好服务于家庭经营。1988 年,浙江省政府出台《关于经济发达地区推行土地适度规模经营的若干政策规定》,确定以 15 个县为重点推进土地适度规模经营。1994 年,省委省政府出台《关于发展粮田适度规模经营的决定》,明确"'稳制活田'和'三权分离'是实行粮田适度规模经营的一项基本政策"。针对劳动力转移较多、土地抛荒较多等问题,绍兴等地将口粮田和责任田分开,推行"两田制",有效避免了土地抛荒,提高了土地利用率。①

三、务实创新的区域文化

习近平总书记指出:"代代相传的文化创造的作为和精神,从观念、态度、行为方式和价值取向上,孕育、形成和发展了源远流长的浙江地域文化传统和与时俱进的浙江文化精神,她滋育着浙江的生命力、催生着浙江的凝聚力、激发着浙江的创造力、培植着浙江的竞争力,激励着浙江人民永不自满、永不停息,在各个不同的历史时期不断地超越自我、创业奋进。"②也就是说,

---

① 李剑锋、徐建群:《迈向长久不变的农村土地承包经营制度——改革开放 40 年来浙江农村土地承包经营制度发展历程》,《农村经营管理》2018 年第 12 期,第 28 页。

② 《浙江文化研究工程成果文库总序》,理论视野,(2007-06-07)[2020-11-29],https://zjnews. zjol. com. cn/05zjnews/system/2007/06/07/08506333. shtml。

浙江特有的地理环境、生产生活方式、历史上的多次人口迁徙和文化交融，造就了浙江人民兼有农耕文明和海洋文明的文化特质，锤炼了浙江人民兼容并蓄、励志图强的生活气度，砥砺了浙江人民厚德崇文、创业创新的精神品格。

一方面，浙江自然资源贫乏，无大矿藏，改革开放初期人均耕地只有 0.6 亩，不到全国平均数的一半；浙江原来农业比重大，城镇化水平低；工业基础薄弱，国家投资少；改革开放头 30 年，浙江也没有享受国家特殊的优惠政策。按主要自然资源人均拥有量指数，以全国平均数为 100 计，浙江的具体数值是：水资源 89.6，能源 0.5，可利用土地 40。按自然资源人均拥有量综合指数，在全省、自治区、直辖市中，浙江仅为 11.5，即浙江只相当于全国平均水平的 11.5%，仅高于天津市（10.6）和上海市（10.4），居倒数第三名。另一方面，从魏晋南北朝开始，随着北方移民的南迁，先进的学术文化和技术文明催动了浙江地区的快速发展。尤其是南宋定都杭州以后，风云际会，政治调整、经济更新、文化重建等各种要素的整合，将两浙地区的社会整体发展提升到了全国的最高水平，并在这个基础上造就了各领域的人才精英群体。到了明、清两代，以及民国时期，浙江已经成了全国无可争议的财赋命脉和文化重镇。

"义利并重"的价值观念和"工商皆本"的文化传统，孕育了浙江人精明的商业头脑和务实的群体性格；先天不足的资源条件和人口密集的生存压力，造就了浙江人的自强意识和拼搏精神；对外交流的悠久历史和多元文化的熏陶，塑造了浙江人的创新意识和开放心态；"百工之乡"的技能传承和尊师重教的文化积淀，哺育了浙江人的专业技能和聪明才智。这种精神被时任省委书记的习近平高度浓缩为"求真务实、诚信和谐、开放图强"的浙江精神。也正是在浙江精神的指导下，在浙江这片热土之上创造了一个又一个的"全国第一"：第一个尝试包产到户，发放了第一张个体工商执照，建设了第一座农民城，创建了第一个股份合作制企业,制定了中国第一个私营企业条例……根据中央编译局比较政治与经济研究中心、中央党校世界政党比较研究中心和北京大学中国政府创新研究中心等单位共同联合创办的"中国地方政府创新奖"统计,从 2001 年到 2010 年,在 1500 多个省级以下地方政府创新项目申报中,共有 114 个项目获奖,其中优胜奖 50 个,入围奖或鼓励奖 64 个。在这些获奖项目之中,浙江省地方政府创新获奖高达 18 次,占总数的 15.8%,是最具有创新性的省份。[1]

这种创新精神折射在农村社会上,主要表现为浙江省赋予了农村基层社会较大的自主发展空间,由此孕育了独具魅力的草根民主,也由此形成了许多全国独创:第一个全国人大代表自费广告征集议案,第一个给农民工以选举权,第一个采取选举公正制度,第一个村务监督委员会,第一个村级典章,等等。这些都为浙江村民自治制度创新发展奠定了重要基础。

四、大规模的农村人口流动

从国际社会发展经验看,农村人口向城市社会有序流动是社会现代化发展的必然要求与基本趋势。改革开放后,随着户籍制度的松动与农村隐性劳动力的显现,我国出现了著名的民工潮,大量的农业剩余人口在城乡之间流动,作为一个重要的结构变量,对村民自治的运行与发展产生着重要影响。

始于 20 世纪 80 年代的农村人口流动,最初表现为"离土不离乡"的农业剩余劳动力的非农化转移,但到了 90 年代后,农村人口流动主要发展成为农村人口"离土又离乡"的规模性跨区域流动,外出务工经商、异地谋生创业成为主流。根据国家统计局

---

[1] 卢福营、应小丽:《村民自治发展中的地方创新:基于浙江经验的分析》,中国社会科学出版社 2012 年版,第 29 页。

农村社会经济调查总队统计,1998 年全国农村劳动力流动人数为 9546.5 万人,比 1997 年的 8314.5 万人增加了 1232 万人,其中跨省流动的农村劳动力就业人数约为 1804 万人。外出在 3 个月以下的农业劳动力占外出总人数的 12%,3 到 6 个月的占 20%,半年以上的占 68%。① 当然,由于各个地方的经济社会发展状况存在较大差异,因而农村人口流动的状况也表现出较大的区域差异。从农村人口流动去向上看,浙江既是当代中国农民流动的主要流入地,又是农民流动的重要流出地,呈现出进出并存的农民流动特点。一方面,改革开放和农村家庭联产承包责任制的推行,极大地调动了农民的生产积极性,农村的劳动生产率得到较大的提高。这也使得浙江"人多地少"的劣势充分显现,迫使大量的农村剩余劳动力开始寻找新的就业机会。在"自强不息、坚韧不拔、勇于创新、讲求实效"的浙江精神的引领下,大批的浙江人走街串户出现在祖国的大江南北,外出经商务工。根据第四次全国人口普查,1990 年流出到省外人口 78 万人,省外流入人口 8 万人,净流出 70 万人。另一方面,浙江省经济发展位居全国前列,吸引了全国各地的农村剩余劳动力流入浙江,成为农民工较为聚集的地区。尤其是从 20 世纪 90 年代初期至 2010 年左右,省外流入人口快速增长,流动人口从净流出迅速转变为净流入。在邓小平同志南方谈话和党的十四大精神鼓舞下,浙江率先进行市场取向改革,抓住改革机遇,赢得了发展先机,以个体私营企业为代表的民营经济迅猛发展,吸引了大量的省外劳动力到浙江来务工。省外流入人口呈现跨越式增长趋势,2000 年增长到 368.9 万人,2010 年又迅速增长到 1182.4 万人,占全部常住人口的 21.7%,即每 5 个常住人口中就有超过 1 人来自省外。这期间,虽然仍有大批"浙商"的身影出现在世界各地,浙江外出人口继续增加,但省外流入人口迅速超过了省内

---

① 陈文科:《中国农民问题》,河南人民出版社 2000 年版,第 76 页。

流出人口,浙江流动人口开始显现出"大进大出"的基本特征,形成了省际人口流动特有的"浙江现象"。

　　大批农村剩余劳动力流入或流出,自然会打破乡村社会的原有静态格局,促使乡村社会由静态走向动态,由封闭走向开放,这势必会对以本村村民为主体进行自我管理、自我教育与自我服务的村民自治制度产生深刻的影响。"一方面,流动到外地的农民按法律和制度规定拥有管理户籍所在村公共事务的权利,但受空间阻隔而难以像原籍村民那样有效地行使民主管理权。他们具有参与流入地公共事务管理的条件,但又由于受户籍关系等的限制,无权参与流入地的民主管理,不能和当地人一样享受平等权利。如此,流动农民事实上处于政治民主化和社会化的'边缘'。另一方面,户籍所在村的公共权力机关具有管理和调控流动农民行为的权力和责任,但由于这些人流动在外,与原籍公共权力机关基本没有什么联系。原籍公共权力机关在不知流动农民在何处、做什么的情况下,实际上失去了管理能力。而流入地的公共权力机关拥有管理流动农民的客观条件,却又没有全面管理流动农民的充分权力。这样,流动农民又一定程度地处于社会控制的'边缘'。"①可以说,大规模的农民流动已经成为嵌入村民自治的新变量,并向村民自治提出新的挑战,要求村民自治制度在实际运行中不断创新与发展。

　　① 卢福营:《农民流动:嵌入村民自治的新变量——浙江省奉化市庄家村调查》,《华中师范大学学报》(人文社会科学版)1999 年第 38 卷第 2 期,第 23 页。

第二节　浙江村民自治制度的主要实践

从一定意义上说，村民自治制度本身就是一项伟大的创举。作为一项空前的政治实验和创新尝试，村民自治的发展与完善在很大程度上也有赖于改革和创新，特别是有赖于各个地方的政府和群众结合本地实际的创新和探索。浙江省自推行村民自治制度以来，为回应经济社会发展需求，不断推进村民自治创新探索，取得了显著成绩。这些创新实践内容丰富，形式多样。为生动表述这种创新，这里主要采取分析典型案例的方式加以展示。

一、民主决策的程序化：五步工作法

衢州市衢江区在开展民主法治村建设的过程中，根据相关法律和政策的规定，从农村工作的特点和农民的要求出发，在如何组织农民就重大村务进行决策方面，创立了"动议、审议、报审、民决和告知"的五步工作法，取得良好效果。

第一步是动议。对重大村务的处置，村党支部、村民委员会、村集体经济组织、1/10 以上村民联名或 1/5 村民代表联名，可以提出决策动议案。第二步是审议。在村党支部的主持下，通过走访、听证、商谈等多种形式，对提出的决策动议案广泛征求各方的意见，并在此基础上召开村两委联席会议进行认真细致的审议，形成供决策的文本。第三步是报审。将决策案报送乡镇党委和政府，由乡镇党委和政府对其进行合法性、合程序性审查。如果发现与有关法规相违背或在制度安排上存在显著问题,则退回村两委重新讨论和修改。第四步是民决。将经过审查的决策案提交村民代表会议进行讨论和表决,形成村民代表会议决议。村民代表会议要有 2/3 以上村民代表参加才可召开,所作决议须经全体村民代表半数以上通过方才有效,涉及本村重大利益的事项要有全体村民代表的 2/3 以上通过才能生效。第五步是告知。按照村务公开的要求,把经村民代表会议表决通过的决议案在村务公开栏中张贴,告知全体村民,并由村委会组织实施。同时,把它报送乡镇政府备案。

为了更好地利用"五步工作法"开展工作,衢江区农村普遍都对需通过"五步工作法"进行决策的事项进行了规范,主要包括:村建设规划,中长期经济与社会发展规划和年度计划,享受误工补贴的人数与补贴标准,村公益事业的建设方案、经费筹措及承包方案,村集体资产收益的使用,村民的土地承包经营方案,村集体经济项目的立项、发包、承包方案,计划生育方案,宅基地使用方案,有关土地使用各项补偿费的方案,以及村党支部、村委会或符合法定人数的村民或村民代表认为应当进行民主决策的其他事项。

"民主选举、民主决策、民主管理、民主监督"是村民自治运行的四个关键环节,彼此之间相互联系,构成一个完整体系。但在实际运行中,由于各地过多强调民主选举致使其他环节滞后,甚至出现"选时有民主,选后无民主"的现象。为了促进"四个民主"均衡发展,2005 年以来,浙江省台州市天台县推行了以"民主提案、民主议案、民主表决、公开承诺、监督实施"为主要内容的村级"民主决策五步法",对基层民主政治建设进行了有益探索。一是民主提案。根据天台县相关规定,民主提案分为集体提案、党员提案和村民提案三种。其中,集体提案由村党组织、村民委员会、村经济合作社等村级组织提出;党员提案由党员提出;村民提案由 18 周岁以上的本村村民提出。是否允许在本村居住 1 年以上的外来人员提案，由村两委联席会议根据实际情况协商而定。提案内容一事一议，也可以一人多议。提案内容主要涉及本村发展稳定的村务大事及村民关心的热点难点问题。民主提案一般在年初（年终）或届初进行，提案前要广泛征求村民意见，确保提案最高限度反映民意。平时如遇到重大事件，也可以随时提案。二是民主议案。村党组织统一受理各类提案，并对提案的合理性与合法性进行审查。对于涉及面广或需报批方可实施的项目，还需要上报乡镇党委和政府审核。对于一般性事务主要召集村两委联席会议进行决定，对重大事务广泛征求党员、群众的意见，研究确定需提交表决的事项，并拟定表决方案。通过民主恳谈会、村两委会、党员大会，对提交的提案进行公开讨论，并对提案的可行性展开分析。各村民代表逐一对提案发表见解，专职副主席进行记录汇总。三是民主表决。召开村民会议或村民代表会议，采取举手或无记名投票的方式对重大村庄事务进行民主表决。针对外出人口多、全体村民会议召集难的实际情况，天台县将村民代表会议作为民主决策的基本形式。表决须 2/3 以上代表参加，同意票过半数方可通过，并形成书面决议。四是公开承诺。表决通过的事项，作为村干部年度或届内的创业目标，由村两委集体向全体村民做出公开承诺。会议后 5 日内，要召开村两委联席会议，研究工作方案，并落实责任人，组织实施。五是监督实施。村两委及时将决议及进展情况通过村务公开栏公开，自觉接受村民监督，倾听村民意见，接受村民质询。年底要召开村干部述职述廉评议会，评议结果与村干部报酬、评先评优挂钩。建立健全村务监督委员会，对村两委承诺兑现情况和村级财务运行情况进行经常性监督，确保承诺事项有序推进。①

---

① 卢福营、应小丽：《村民自治发展中的地方创新：基于浙江经验的分析》，中国社会科学出版社 2012 年版，第 155—156 页。

无论是衢州市衢江区的"动议、审议、报审、民决和告知"的五步工作法,还是台州市天台县以"民主提案、民主议案、民主表决、公开承诺、监督实施"为主要内容的村级民主决策五步法,既有效保障了村民的自治权利,推进了村民自治中民主决策的程序化、规范化和制度化程度,又有效地体现和维护了党的领导,提高了基层党组织的凝聚力,加强了村两委工作的协调,从而改善了乡村的治理结构,提升了治理的效能。

二、村务公约的制度化:乡村典章

民主选举结束后,村民如何根据本村的实际情况有序地开展民主决策、民主管理和民主监督等自治活动,在现实中还存在着不少制度上的"空白地带"或"盲区"。为了解决这些问题,绍兴市新昌县经过试点在全县范围内逐步开展了制定村务公约活动。

村务公约的最典型代表就是源起于浙江省新昌县石磁村的乡村典章制度。石磁村位于新昌县儒岙镇,是一个由相互毗邻的原泄山、后岗山、石磁三个行政村合并而成的典型山村。村庄合并在带来村庄规模扩大的同时,也存在村务管理不顺、自然村不平衡等问题,这给合并后的石磁村村级事务治理提出了更高要求。为更好促进村庄治理,在新昌县委县政府和儒岙镇委镇政府的支持下,通过座谈、走访、问卷、公示等形式,并在充分吸收村民群众意见建议后,2004 年 7 月 16 日,具有鲜明农村特色的浙江省首部村务公约制度《石磁村典章》应运而生,成为石磁村村民自治的基本制度之一。

《石磁村典章》(以下简称《典章》)共 8 章 30 项条款,其内容涉及总则、村级组织及职责、村级组织产生办法、村务决策、村务管理、村务监督、村规民约和附则等方面。其中,村务监督制度创新较有特色。一是创新村务(财务)组织领导机制。为更好解决村级财务究竟由村书记和村主任谁掌管的问题,《典章》规范了村级各组织之间的关系，明确村党组织是村级各种组织和各项工作的领导核心，村委会是在党领导下的基层群众组织，村经济合作社等村配套组织根据各自的章程履行职责，这就较好地理顺了村党组织、村委会、经济合作社等组织的工作关系，并从制度上解决了村级组织之间"谁是核心"的问题，进而为村级财务的正常运行提供了组织制度保证。二是创新村务（财务）决策机制。为解决村务决策中"一言堂""少数人说了算"问题，《典章》创新了决策程序，规定由村级各组织和村民代表提出议题，由村党组织审核把关，最后提交村民会议民主决策。同时，《典章》还创新了决策内容，根据村务（财务）重要程度，将其分为重大村务（财务）、重要村务（财务）和一般村务（财务），村民会议或村民代表会议研究决定重大村务（财务），村级班子会议研究决定重要村务（财务），村级各套组织在职权范围内研究决定一般村务（财务）。当然，村级组织在职责范围内管理村务（财务），必须得到广大村民的认可。如《典章》规定村委会有权决定 5 万元以下村集体资产的拍卖、出售和 15 万元以下的村集体资产投资项目、50 万元以下村集体资产的出租承包，以及 50 亩以下集体土地和 200 亩以下集体山林的出租承包。而超过以上权限必须由村民代表会议讨论决定。三是创新财务日常管理机制。首先，在村级财务审批机制方面，《典章》规定，合作社社长只能审批 100 元以下的非正常开支和 500 元以下的正常开支；超过 3000 元的非正常开支，以及 5 万元以上的正常开支，需由村民代表会议决定。①

---

① 在《石磁村典章》的基础上，新昌县根据实际情况创立了村集体财务支出联审联签制度，更加规范了村集体组织日常经费支出的审批机制。即 1 万元以下的村集体日常经费支出由村党组织和村民委员会负责人审批；1 万元至 5 万元的经费支出由村两委班子联席会议讨论决定后，授权村党组织和村民委员会负责人审批；5 万元以上的经费使用和支出必须经村民代表会议讨论决定后，授权村党组织和村民委员会负责人审批。

其次,在民主理财制度方面,通过村民会议选举 5 名业务精通、公道正派、威信较高的村民组成村务监督小组,对本村集体财务活动等进行民主监督,参与制定本村集体的财务计划和各项财务管理制度,检查、审核财务账目和相关的经济活动事项,对不合理开支提出否决建议,对不合法、不真实的开支进行查处。四是创新财务监督与约束机制。首先,创设"村主职干部任职保证金"制度,规定村主要干部在换届上任时须交纳每人 2000 元的任职保证金,任期内如无违章行为予以退还。其次,创设"民主评议村干部"制度,每年年终村两委班子及成员须向全体党员、村民代表和村民小组长以上干部进行书面述职,接受党员、村民的监督评议,评议结果与村干部考核奖惩挂钩。最后,创设"对村干部和村财务人员违规失职追究"制度。如《典章》根据村干部违章的次数规定了处置的具体办法:违章 4 次或评议结果不满意率超过 40% 的,扣全年职务补贴;违章 5 次或评议结果不满意率超过 50% 的,取消村里的所有补贴;违章 6 次或评议结果不满意率超过 60% 的,限期辞职或依照法律提出罢免。村财务主管、经手人和有关责任人违反村财务规定招致村集体经济损失的,应承担相应的责任并进行赔偿。[①]

石磁村的《典章》在实际运行中取得了良好的社会效果,有效缓解了两委矛盾,和睦了干群关系。基于此,新昌县委及时总结经验,大力推广乡村典章制度,并于 2004 年 7 月 30 日颁发了《关于实施村务公约制度,加强村级民主管理的意见》,对制定村务公约(典章)的基本原则、主要内容、制定程序和组织领导进行了规范和指导,为维护乡村稳定提供了制度保障。

---

① 潘自强:《乡村典章:农村财务治理的制度创新——基于浙江省新昌县的调查》,《农村经济》2010 年第 1 期,第 123 页。

三、村民自治的规范化:八郑规程

嵊州地处浙江东部,是绍兴都市圈的南部副中心和工业旅游新城,也是全国第一批经济开放县(市)、全国县域经济基本竞争力百强县市。三界镇地处绍兴、上虞、嵊州三县(市)交界,因而得名,素有"嵊州北大门"之称。八郑村是三界镇第一大村,共850多户,近3000人。村庄以水田和茶山为主要经济收入,是嵊州市的"小康示范村"。

2006年2月,为了更好解决村级事务操作不透明、制度不健全、监督不到位和村级财务管理混乱等问题,嵊州市委通过长期调查与摸索,逐步形成了"民主选举、民主决策、民主管理、民主监督"四个方面的八项重点制度和《八郑村村务公开》《村干部谈听评》等八个重点工作操作流程,构建了以"八项制度""八大流程"为主要内容,以自我管理和自我服务为形式,以主体认同、过程认同和结果认同为基础的新型乡村社会治理模式。

一是加强制度保障,制定了一套比较完整的管理制度。针对原有农村民主管理方面存在的一些突出性问题,八郑村对各项民主管理制度进行了完善和创新,建立起一套比较完整的民主管理制度,为农村新公共精神的形成架构制度体系。八郑村根据自身实际情况制定了民主选举、村务决策、财务管理、项目管理、村务公开、民主监督、村干部考评和责任追究等八项制度。这八项制度的制定符合了村民自治的各项要求,彼此之间相互联系,为基层民主自治真正开展奠定了制度基础。

二是完善制度依靠流程实施,制定了一套比较严密的操作流程。制度的制定,是为了更好地执行,而基层民主管理往往忽视执行的力度,导致一些制度没有发挥相应的实效。八郑村村民清楚地认识到基层民主自治不能流于形式,而应该更多地付诸行动。因此,八郑村设定了一套比较严密的操作流程,实现了村干部依靠流程来执行、老百姓依靠流程来监督、党委政府依靠流程来检查考核的程序要求,做到所有决策程序让村民一目了然,村级各项工作都纳入程序化管理。例如:群众普遍关注的重大事务决策,必须由村"三委会"、1/10以上村民联名或1/5以上村民代表联名提出,党支部统一受理,经"三委会"成员会议研究提出初步实施意见,提交党员大会征求意见,张贴公告,广泛征求村民意见,最后提交村民代表会议讨论决定。

三是流程依托监督运行,制定了一套比较严格的监督体系。为保证各项工作的顺利开展,八郑村在完善制度、设定流程的同时,进一步加强监督。通过管理公开化、监督专门化、评议群众化等措施,对村干部进行全方位监督,保证了各项民主管理工作的规范运行。为此,八郑村专门设立民主管理监督小组,监督小组的组成人员必须是非"两委"成员、村报账员及其亲属,必须是当届村民代表,一年中要有2/3以上时间在村,采取差额无记名方式由村民代表会议选举产生,监督结果必须向村民公示,各项监督工作体现了公开、公平和公正的原则。

八郑村规程理顺了以党支部为核心,村委会、经济合作社、群团组织之间的关系,加强了村级组织间的相互协作,增强了村级组织功能,提高了工作效率。同时,通过党员联系户、村民代表联系村民、村支委联系外出党员的"三联系"机制,村干部走访联系群众,及时传达有关村务管理信息,对群众的意见及时进行汇总、研究和反馈,努力将村中不和谐因素消除在萌芽状态。通过建立并实施规程,党群、干群关系明显改善,村级矛盾纠纷明显减少,这为农村经济持续发展和社会稳定提供了保证。①

---

①　祝丽生:《现代乡村社会治理结构及运行机制研究——以嵊州八郑规程为例》,《社科纵横》2012年第10期,第46页。

四、村民议事的协商化：民主恳谈会与村民说事

1998 年正式实施的《村组法》在"三个自我"的基础上增加了"四个民主"，这不仅意味着村民自治内涵的丰富，而且标志着民主成为村民自治的重要导向。浙江省在村级民主方面做出很多有益探索，其中以台州温岭的民主恳谈会和宁波象山的村民说事较为典型。

民主恳谈是对温岭市在乡村、城镇及市直机关开展的各种基层民主活动的统称。它最初是 1999 年 6 月台州市委宣传部和温岭市委宣传部联合在温岭松门镇开展农业农村现代化试点教育中创造的以会议对话和讨论为基本形式的一种思想教育方法，此后，经过不断的发展、改进和再创造，逐渐成为民主的一种载体，成为一种稳定的以协商为特征的民主制度。从内容来说，民主恳谈会具有多种类型：民主沟通会、决策听证会、村民议事会、乡镇人大表决会、党代表建议回复会、重要建议论证会和村民代表监督管理会等。尽管类型多样，但核心或基础仍是民主恳谈，即基层党委、政府或农村自治组织在对公共事务做出决策前，先在干部和群众或群众代表之间，决策者和决策实施后将影响到的各利益相关者之间，对公共事务了解不多、知识不多的人与具有处理相关问题的经验和相关知识的人之间，开展完全自由、平等、公开、坦诚、双向和深入的讨论，交流思想，分析利弊，论证观点，辩明事理，相互说服，在形成基本共识后，再通过一定程序，由基层党组织、政府、基层人大或人民群众自己做出决定。

从发展历程上看，温岭的民主恳谈会发展大体经历了三个阶段：第一阶段（1999—2000 年）。1999 年 6 月 25 日，第一次民主恳谈会在温岭市松门镇举办，领导干部和农民就某一特定的公共问题进行面对面沟通和交流。乡镇人大代表、政府部门代表、村民代表以及广大群众均可参加。恳谈议题由乡政党委和

镇长(村级为村党委或支部)或者乡镇(村)人民代表与群众联名提出。会上领导小组(各镇组建)将群众提出的问题和政府所承诺的事项落实到相应的单位和个人,并将完成情况以书面形式反馈到提问者本人,同时在镇、村的政务公务栏公开落实。第二阶段(2001—2004 年)。2001 年,温岭一些乡镇开始带头尝试以面对面的谈话方式向公众征求对某些重大议题的决策意见,人民群众可通过自愿、邀请以及随机抽样 3 种方式参与。在村一级,参照《宪法》比例,由 1/10 以上的村民或 1/5 以上的村民代表提出议题,实行多数通过制度,重大事项则召开由全体村民参加的恳谈会进行公议决议。镇一级的决策程序与村一级不同,具体为:政府提出初步意见、方案—听取群众意见—做出决定—再次征求群众意见。其中对多数群众反对或意见分歧较大的事项,暂缓决策,多次听取群众意见后再做决策。第三阶段(2005年至今)。参与式决策,即人民群众以民主恳谈为主要形式参与政府年度预算方案协商讨论,人大审议政府预算并决定预算的修正和调整,实现实质性参与的预算审查监督,这将协商民主与人大预算审查监督有机结合起来。从 2005 年至 2014 年,温岭市、镇两级政府及部门预决算在网上实现全公开。① 民主恳谈会作为基层社会的民主协商实现形式,优化了村民自治组织的决策程序,提升了决策质量,促进了农民的政治参与,密切了党群、干群关系,推动了信息交流、思想沟通和各种社会矛盾的消解,也提高了村委会决策的执行效率。2004 年温岭的民主恳谈荣获在国内外都有一定影响的"中国地方政府创新奖"。

浙江省象山县地处东海之滨,辖 10 镇 5 乡 3 街道 490 个行政村,2017 年农(渔)民人均可支配收入达 28385 元。村民说事的做法发端于象山县西周镇。2009 年 4 月,西周镇杰上村为解

---

① 向彦:《温岭民主恳谈模式的特点及经验探讨》,《农家科技》2017年第 5 期,第 95 页。

决水库引水工程造成的赔偿款分配问题，尝试开展"村民说事"，让村民有事敞开说，说了及时商量、马上去办，成功地解决了难题。尝到甜头的西周镇将村民说事在全镇推广，当年全镇信访量下降53%。2010年3月，县委、县政府将西周经验在全县推广。历经多年探索实践、深化提升，村民说事构建了"说、议、办、评"的制度体系，实现了集民意疏导、科学决策、合力干事和效果评估于一体的基层治理方式创新。具体做法如下：

一是打造乡村自治平台，形成自管自服自教自监的治理格局。首先，增强说的广泛性。拓宽说的渠道，落实固定日子集中说、党员联户上门说。创新说的形式，形成"网格说""线上说""现场说"等新形式。扩大说的主体，引导发动政法干警、乡贤能人、"新村民"参与村民说事。丰富说的内容，突出围绕乡村旅游、集体经济、村庄建设等发展主题。2018年1—9月全县开展以发展为主题的说事会1500余次，参与村民近2万人次。其次，强化议的规范性。规范议的程序，常事急事召开村务联席会议商议，大事要事召开村民代表会议商议。提升商议的质量，邀请乡贤、法律顾问等专业人士参与村庄发展重大事项商议。建立议的"直通车"，对村级无法解决的难事特事，通过"一中心四平台"直接提交上级商议决定。2018年1—9月县、镇两级商议解决事项1028件。再次，突出办的实效性。推进"最多跑一次"改革向农村延伸，加快基层便民服务点建设，实行村级事务管理多员合一、专职代办，实现常用事项和民生事项全域通办，目前185项事项已实现群众办事不出村、不出镇，镇级年均办件30余万次，村级年均办件100余万次。强抓事项落实，一般事项快速结、重点事项书记抓、联办事项流转办。最后，注重评的科学性。说事村民专项评，对每件办结事项进行满意度测评，做到一事一评、即办即评。村民代表综合评，结合"双述双评"，对村民说事全年开展情况进行综合评价，倒逼干部改进作风、干事创业。乡镇（街道）绩效评，把村民说事与集体经济、村庄环境、社会稳定、干部廉洁"四张报表"考评相结合,比学赶超、争先创优。群众对服务型党组织建设满意度逐年上升,目前达到96.9%。

二是依托村民说事平台,推动乡村治理各项制度融合。首先,村民说事与农村小微权力规范化运行统筹起来。深化小微权力清单制度,提高村民说事"议"的规范性和"办"的满意度。充分考虑基层实际和操作便捷,对75条小微权力清单进行梳理、剔除、完善,形成21条小微权力清单和运行流程,健全村级重大事务决策报备、村级工程项目监管等重点领域配套制度。严格执行村民说事"说、议、办、评"的制度流程,推动小微权力清单制度有效落实,确保农村基层权力依法运行。其次,一村一法律顾问制度与村民说事相结合。建立法律顾问全程参与村(居)民说事制度,开展普法教育,依法解决具体问题,2008年以来解答法律咨询3709次,开展法制宣传3200次,排查矛盾纠纷3993起,直接化解3871起。构建初信初访整体联动、快速响应机制,如新桥镇通过村民说事会,对初信初访按照"户内协商—村内说事—部门流转"程序限时办结,2018年以来共受理初信初访85件,办结率达100%。最后,依托"一中心四平台全科网格"推行"村民说事+互联网"模式。村民说事在网上全程记录、高效流转、快速办理,2018年1—9月县镇村三级办理村民说事类事件7317件,实现了"村民大事全网联动、村民小事一格解决"。在此基础上,升级打造线上线下融合、覆盖全域的民情综合信息平台,构建县镇村三级联动、相互补充、整体相应的矛盾问题解决机制,平台矛盾问题及时处理率、按期办结率达100%,回访核实率、群众满意率达95%以上。

三是打造"三治"融合平台,营造共商共建共治共享治理生态。坚持以党建引领村民说事,以村民说事为平台,推动力量下沉,下派54名青年后备干部担任后进村第一书记,安排村法律顾问近600名,挖掘乡村能人1200余名。推动党员联户、五议两公开、"最多跑一次"、双述双评等制度与村民说事"说、议、办、评"环节有机融合,完善乡村治理运行机制。县人民代表大会常务委员会通过深化提升村民说事的决定,定期监督检查村民说事落实情况。这些主体通过村民说事积极参与乡村治理,增强了乡村治理活力,大大提高了乡村治理能力和水平。

村民说事历经 10 年探索实践,形成了党建引领下,集民意疏导、科学决策、合力干事和效果评估于一体的农村基层治理制度体系。目前,象山村民说事制度已在 18 个乡镇(街道)、490 个行政村全覆盖,累计召开说事会 10720 次,收到各类议题 5.1 万多项,解决率达 93.8%。近年来,象山县紧紧围绕乡村振兴"治理有效"的要求,不断创新实践,推动村民说事从 1.0 版向 2.0 版迈进,探索形成自治、法治、德治相结合的乡村治理样本。①

五、村民自治的新体系：三治融合

浙江省桐乡地处杭嘉湖平原腹地,具有优越的区位优势、较强的经济基础和深厚的人文底蕴。进入 21 世纪,随着城镇化、人口流动、公共项目建设等发展,桐乡开始面临"成长的烦恼",基层社会的各类矛盾日益凸显,导致基层社会道德失范,基层社会秩序有所破坏。基于此,桐乡市委、市政府主动把握时代需求,于 2013 年在高桥街道先行试点开展三治建设,之后及时总结实践经验,并在整个市域范围加以推广。具体做法如下:

第一,坚持党建引领,健全三治融合基层治理体系。在三治融合体制机制方面,主要构筑了三大体系:(1)领导体系。在市镇层面,建立由党委政府主要领导任组长的三治建设领导小组,强化组织领导。在村级层面,以加强基层党组织建设,不断强化政治属性、政治功能为关键,深入实施基层党建"整乡推进、整县

---

① 农业农村部:《村民说事说出群众心声——浙江省象山县创新村民自治方式》,(2019-05-13)[2020-11-26],http://www.hzjjs.moa.cn/xczl/201905/t20190513_6303760.htm。

提升"工作。构建"网格＋支部＋党员先锋站"模式,在全市 211个村、社区中建立网格支部 713 个、党员先锋站 432 个,做实做细"党建＋治理"。(2)制度体系。从 2013 年出台全国首个三治建设实施意见,到 2015 年出台 18 项长效工作机制,再到 2018年出台深化三治融合"桐乡经验"意见以及若干配套文件,目前桐乡在三治建设领域已经累计出台 40 余个文件、制度、方案,确保了各项工作的常态、长效推进。(3)评价体系。建立基层三治融合工作及善治村、社区评价指标体系,制定具体考核评价标准,以善治村、社区创建评审为抓手,促进工作合力的形成和推进机制的建立。

第二,培育多元共治,夯实三治融合基层治理基础。桐乡市在全省率先创立"依法行政指数"和法律顾问制度,不断提高依法决策、依法行政水平。利用文化礼堂、红色驿站等阵地,广泛开展"法律十进"、社会主义核心价值观等宣传教育活动,将法治意识、道德观念传递到田间地头。在社会组织层面,重点在培育扶持、放大其作用发挥空间上精准发力。大力推进社区、社会组织、社工"三社联动",增强社团、商会、协会等组织的自我管理、自我教育、自我服务能力。推动政府向社会组织和社会力量购买服务,仅 2017 年,政府购买社会组织服务和专业社会工作经费达 1453 万元。在村(社区)层面,重点在职能归位、活力提升上有效助力。建立城乡社区工作事项准入机制,明确村(社区)36 项依法履行职责事项和 40 项协助政府工作事项;开展清牌子、减评比、去台账等基层组织"去机关化"行动,推动自治职能归位。发挥村干部、三小组长等的"微治理"作用,引导基层群众有序参与基层事务的决策、管理和监督。创新"乌镇管家""梧桐义工"等群防群治品牌,让群众做好大管家、当家人,实现社会信息无盲区、网格管理全覆盖、为民服务全方位。

第三,创新工作载体,推进三治融合基层治理实践。"一约两会三团"是三治融合的创新载体。其中,"一约"即村规民约

（社区公约）。通过让村（居）民参与制定、参与监督，以"村言村语"约定行为规范、传播文明新风，综合运用物质奖惩、道德约束等手段保障落实，使村规民约（社区公约）发挥更好的治理效果。如针对农村大操大办等不良风俗，崇福镇上莫村将结婚酒席菜品不超过 1000 元/桌等文明餐桌内容写入村规民约，并由村文明餐桌道德评判团全程监督，有效遏制了越背越重的人情债、愈演愈烈的攀比风。"两会"是指百姓议事会和乡贤参事会。由村、社区党组织书记担任百姓议事会的召集人，对村、社区的事务决策听取意见，实现村、社区事务的民事民议、民事民办、民事民管。乡贤参事会由村、社区中有威望、群众认可的人担任理事长，发挥乡贤的感召力，通过专题会议、个别访谈等形式，解决和协调村里的相关难事，协助村两委做好群众工作。如在屠甸镇荣星村火炉浜环境整治中，乡贤参事会会长带领乡贤带头出资、上门走访，说服村民共同参与环境整治，共同建设美丽乡村，做了一件村里一时做不了的事。"三团"是指百事服务团、法律服务团、道德评判团。以志愿服务、法律服务、道德评判为抓手，将定期坐诊、按需出诊、上门问诊相结合，完善志愿者组织体系、公共法律服务体系和道德评判体系，打造以村、社区党群服务中心和"一米阳光""法律诊所"等为代表的服务组织。

从实践中看，自三治融合实施以来，桐乡全市刑事警情率下降 34.3%，安全生产事故死亡率下降 42.5%，上访下降 36.2%，矛盾纠纷受理下降 26.5%。经过多年实践，桐乡基层社会治理格局不断完善，自治活力得到释放，法治思维渐入人心，道德风尚逐步形成，党群干群关系更趋密切，基层政权更加巩固，成为健全村民自治体系的典型实践。①

当然，除了上述创新实践之外，浙江省村民自治创新探索还

---

① 潘川弟：《深化三治融合"桐乡经验"的实践与思考》，《政策瞭望》2018 年第 11 期，第 27 页。

有杭州市余杭区唐家埭村首创的"自荐海选"无候选人直接选举方式、衢州市柯城区的"两监督一赔偿"制度、上虞市（现绍兴市上虞区）新戴家村的"四不出村"工作法、金华市的"村干部辞职承诺制"、衢州市常山县的"民情沟通日"制度、舟山市的"网格化管理，组团式服务"等，可以说，浙江省各地涌现出的村民自治创新实践，不仅推动了浙江省当地村民自治的有效发展，也为全国村民自治有效实现提供了重要借鉴与样板。

第三节　浙江村民自治制度发展的基本经验

村民自治最根本的精神是要保障与实现村民的民主权利，让广大群众在民主选举、民主决策、民主管理与民主监督中获得自身意愿表达的机会与机制。[①] 但在实践中，民主选举、民主决策、民主管理与民主监督发展不均衡现象却客观存在。从上一节浙江省各地的创新实践来看，如何创新良好的运行机制，寻找切实可行的途径，克服村民自治实践中的各种问题，成为各级政府和基层民众进行村民自治地方创新的共同倾向，并由此形成了独具特色的浙江经验。

一、注重主体协同，探索村民自治创新路径

从发生学角度看，村民自治的创新与发展基本上由国家宏观政策、地方政府力量与乡村社会的自主力量单方或多方推动形成。从上述各种案例可以看出，浙江省村民自治创新发展主要是政府与社会力量在国家宏观政策背景下积极合作的结果。

首先，在国家宏观政策背景下积极有为。2005 年 6 月，浙江省结合国家出台的《关于健全和完善村务公开和民主管理制度的意见》，下发了《关于进一步完善村务公开和民主管理的通知》，要求按照"三个三"的目标任务和"四项机制"的工作措施来

---

① 　卢福营：《当代浙江乡村治理研究》，科学出版社 2009 年版，第 192 页。

加快推进村务公开和民主管理的制度化、规范化和程序化建设。其中,"三个三"的目标任务包括:明确村务公开的总体要求,切实做好村务公开内容到位、形式到位与程序到位;健全村民自治机制,重点加强村民代表会议建设、村务公开监督小组建设与村民民主理财小组建设;完善各项制度,重点推进民主议事协商制度建设、集体财务审计监督制度建设与民主评议村干部制度建设。"四项机制"的工作措施包括:责任落实机制,实施县乡党委、政府主要领导责任制,党政一把手是本地区村务公开、民主管理工作的第一责任人;监督检查机制,省、市、县(市、区)分别建立督查制度;宣传培训机制,对市、县、乡的村务公开、民主管理工作人员进行日常性宣传教育;示范和规范化建设机制,开展村务公开、民主管理规范化建设和示范单位创建活动。

其次,注重地方政府与社会力量的协同。在各地村民自治实践创新中,不管是制度设计,还是形式倡导,其实体现着地方政府立足当地实践积极与社会力量互动。一方面,在浙江省村民自治制度创新实践中,始终贯穿着地方政府的积极推动。地方政府作为法律制度的贯彻执行者,往往通过调研、动员、试点、指导和规范等行为,采取多种方式和策略主动地创新,有力推进村民自治的地方实践。例如,在航埠镇的"两监督一赔偿"改革中,地方政府主动推动村级民主监督制度创新,努力对村干部的违规行为进行有效监督,充分发挥地方政府在村民自治制度创新中的主动性。诞生于武义县的中国第一个村务监督委员会也是在政府部门广泛调研、集中民意、提出思路等主导下积极创造的,充分体现了武义县纪委的主导作用。另一方面,村民自治实践创新又是一个基层群众广泛参与和创造的过程。面对日益多样化的需求和村庄治理中出现的诸多新问题,广大村民往往有突破和变革既有体制机制的内在要求,自己主动或通过影响政府行为来支持或推动地方创新。例如,新昌县的《典章》正是出于村民对村级财务管理混乱的担忧以及广泛参与《典章》创新与制定，最终七易其稿而形成。再如上虞市新戴家村的"四不出村"工作法、金华的"村干部创业承诺制"、象山县的"村民说事"制度等创新实践中，都充分显示了广大群众的参与精神和自主创新能力。当然，这种创新能力的发挥又往往依靠政府，需要地方政府或官员及时牵线搭桥，并在地方政府的领导与组织下，在充分整合和表达村民真实需求与意见的基础上，由地方政府帮助村民进行制度设计，形成实践创新。正如著名学者俞可平所指出的，"中国式农村改革就是在问题中前进，最先发现问题所在的是农民自己，提出最佳变迁思路的也是他们，但是局部创新之后的巩固和提高阶段需要政府及时的政策调整。因而，中国式改革历程也是政府与基层干部、农民互动的历程"①。

二、重视民主协商，探索民主决策有效实现

民主决策是村民自治的核心内容。按照理想的村民自治制度设计，广大村民既是村务决策的参与主体，又是村务决策的实施主体，凡是关乎村民实际利益的事项，都要由村民会议或村民代表会议协商决定。但是在实际决策过程中，由于成本较高、农民流动性强等，广大村民往往对村民会议或村民代表会议表现得"不感兴趣"，尤其是当事项与村民实际利益关联性不高时，村民更表现出"事不关己高高挂起"的冷漠心态。即使是关乎村民切身利益的重大事项，部分村干部也往往排斥广大村民参与，通过变通村民代表会议的代表性，形成由村干部实质控制的代表会议，村民大会或村民代表会议在民主决策过程中的地位被严重弱化，民主决策流于形式，法律赋予广大村民群众的政治权利在村民自治中得不到充分兑现，严重影响着村民

---

① 俞可平：《和谐社会与政府创新》，社会科学文献出版社 2008 年版，第 81 页。

自治的有效实现。

与民主决策流于形式不对称的是,随着市场经济发展带来的利益分化和社会自主性的增强,广大村民参与村庄公共事务治理的愿望越来越强,他们试图通过积极参与村庄治理过程来表达、维护和实现自身利益的最大化。所以,广大村民的参与意愿与民主决策流于形式之间的张力,往往导致乡村社会各种矛盾与冲突成为现实。而有效化解这些矛盾冲突的一个必要前提就是通过沟通、对话等方式充分了解广大村民实际需求,通过平等协商方式达成弱共识,从而上升为决策,实现对乡村资源的公平公正分配。例如,浙江省出现的民主恳谈会、民情沟通日制度、民主决策五步法等创新实践,都是在村两委会议和精英联席会议之外创设的让普通村民广泛参与村庄公共事务治理的新方法和新途径,并且都在村庄事务做出决策之前,必须借助多种途径广泛听取村民群众意见,让各种看法和主张充分表达、相互交流,使重大村务决策更能体现民意,更好地代表大多数村民群众的利益和意愿。实践表明,借助民主协商达成的民主决策,不仅保证了广大村民参与决策、管理和监督的权利,而且使村民的诉求能够得到及时表达与吸纳,促使决策更加科学合理。

三、重视依规治村,探索民主管理新途径

民主管理是村民自治的重要一环,其有效运行有赖于一套可行规则的规制,尤其是程序性制度的规约。如果没有相应的制度规则作为保障,无论一项事务怎么完善,都有可能成为水中月镜中花,高悬于空中而无法真正落地。也正是基于此,浙江省地方政府和农村群众在探索民主管理过程中,十分重视建章立制,依规治理,以一套合理可行的程序性规则为村级治理的有序化和理性化提供社会控制机制。

一是建构程序性制度安排,合理规制乡村治理。与实体性

制度不同,程序性制度不关注什么可以做与什么不能做的应然性问题,而是主要解决如何做、怎么做的实然性问题。转换到村民自治场域之中,程序性制度安排主要解决的是村民如何行使国家赋予的权利,如何让村民自治的精神与原则在实际操作中更好地落地,以及如何实现乡村有效有序治理等问题。但是从目前情况看,在村民自治推进过程中,更多重视实体民主,程序民主相对被忽视,表现在政治行为中就是基层乡村干部的独断专行和随意的主观判断,"人治"色彩较为浓厚。所以,创新一套科学合理的规则程序,来有效约束乡村干部因程序不明而产生的主观随意性,成为推进民主管理的关键所在。例如,浙江省嵊州市的"八郑规程"就明确了民主选举流程、村务决策流程、村务公开流程、财务管理流程、招投标流程以及村务监督流程等八大工作流程,促使村庄管理有规可循。天台县推行的以民主提案、民主议案、民主表决、公开承诺及监督实施为主要内容的村级民主决策五步法,促使村庄民主决策按部就班,有序开展。可以说,在这些制度安排下,乡村社会中的公共权力的行使都有明确的边界和程序安排,民主管理不再只依靠干部的思想作风,而主要依靠制度化的规定,有利于村民自治落地。①

二是注重规则制度的本土化。马克思曾经指出:"人们自己创造自己的历史,但是他们并不是随心所欲地创造,并不是在他们自己选定的条件下创造,而是在直接碰到的、既定的、从过去承继下来的条件下创造。"②这说明,任何一项制度创新与推行总是与其传统、文化等社会基础、经济结构有关,如果脱离了社会基础,那么这项制度也就成为无根之花,难以持续发挥效应。从乡村社会实践来看,当前乡村规则调适的"情景定义"已经发

---

① 徐勇:《中国农村村民自治》,华中师范大学出版社 1997 年版,第12 页。

② 《马克思恩格斯选集》第 1 卷,人民出版社 1995 年版,第 585 页。

生了变化,即依赖关系的情景中心转换了。传统时期,依赖关系主要体现为"人的依赖关系"。"人的依赖关系"可以创造依赖角色及角色关系,形成一种人离不开人、人依赖于人的局面。为了调适人与人的依赖关系,内生于人的依赖关系中的伦理道德成为引导与规训人们日常行为的重要规范。这种规范具有内生性、民间性和生活性的特征,可以弥散于家户小农的日常生产生活之中,自觉内化为家户小农的行为规范。在现代社会,依赖关系主要体现为"物的依赖关系"。"物的依赖关系"给当前乡村社会带来的一个直接后果就是,将"一切封建的、宗法的和田园诗般的关系都破坏了。它无情地斩断了把人们束缚于天然尊长的形形色色的封建羁绊,它使人和人之间除了赤裸裸的利害关系,除了冷酷无情的'现金交易',就再也没有任何别的联系了"①。而与此同时,国家层面所推行的公共规则带有很强的建构性,还无法真正扎根于乡村社会,成为规制家户小农依赖行为的"大道理"。所以,乡村社会的规则断层往往将乡村民主治理置于困境。浙江省在创新实践中,既不单独重视恢复传统规则,也不单独依靠现代公共规则,而是将传统资源与现代规则有机结合起来,使得这些规则既能够充分结合当地实际,又具有地方特色。例如,常山的民情沟通制度、温岭的民主恳谈制度都是将协商、沟通等传统资源融入制度化建设过程之中,促使规则落地。

四、重视权力监督,推进民主监督有效运行

从权力角度说,村民自治其实就是一种运用村庄公共权力的过程。加强对村庄公共权力的有效民主监督,不仅是促进民主选举、民主决策和民主管理健康运行的重要保障,而且是防止

---

① 《马克思恩格斯选集》第 1 卷,人民出版社 1995 年版,第 274—275 页。

村庄公共权力蜕变为少数人牟取私利工具的重要手段。浙江省作为东部沿海发达省份，很多村庄都属于利益密集型村庄。村庄内部因土地出让、厂房出租、征地拆迁、政府项目等致使集体资产迅速增值，村民获利机会大幅增加，村干部手中所掌握的公共资源也大幅增加。基于追求私利或政绩的考虑，乡村干部以权谋私、滥用权力、作风不正等情况时有发生。甚至有些地方，为了争夺村庄公共权力，各种贿选、灰黑势力登上乡村政治舞台的现象也时有发生。如何防止小微权力腐败、重塑乡村治理体系与治理能力，积极探索科学有效的民主监督路径，一时成为当前乡村治理面临的紧迫课题。对此，浙江省各地政府以及村民群众结合当地实际进行了有益探索，一定程度上防范了村庄公共权力的蜕变。

一是保障村民民主监督权。根据《村组法》规定，广大村民是村级公共组织和公共权力监督的主体。然而，受多重因素影响，村民群众的民主监督权利长期得不到落实，民主监督也未能按照最初设想发挥实际功效。这也就构成了浙江省一些地方积极探索与创新村民民主监督机制的基本动因与动力。例如，浙江省武义县的村务监督委员会制度、杭埠的两监督一赔偿等制度创新，均把建立健全村级民主监督组织作为村民自治创新与发展的突破口。而金华市的乡村干部创业承诺制度则主要借助运行机制创新保障广大村民的民主监督权利。

二是加强村级财务监管。在村级事务监督管理中，财务监督与管理至关重要。按照马克思的说法，"人们奋斗所争取的一切，都同他们的利益有关"[1]。如果在乡村治理过程中缺乏有效的财务监督与管理机制，由财务使用不规范引发的农村社会矛盾可能就会成倍发生。所以，合理科学规范村级财务监管自然成为促进村民自治有序运行的重要条件之一。例如，温岭市借

---

[1] 《马克思恩格斯全集》第1卷，人民出版社1995年版，第82页。

助民主恳谈,通过平等协商方式整合民意,推动村级财务决策机制创新;柯城区创新两监督一赔偿机制,通过明确过错责任追究,强化惩戒程序性制度安排;新昌县通过乡村简章创新,利用激励约束机制规范村级组织、村干部和村民的言行;等等。

　　三是重视权力制衡作用。从实践中看,以权力制衡权力,是实现权力规范化运作的最为有效的途径之一。同理,缺乏权力之间的制约往往会导致权力异变,带来权力运行失范。在实际运作过程中,浙江省一些地方特别注重在乡村公共权力体系中进行分权与制衡,通过权力之间的制衡实现村民自治有序运行。例如,在村庄治理体系中创设村务监督委员会就是一个很好的做法。在村务监督委员会制度设计过程中,不仅将村庄公共事务纳入村务监督委员的全面监督之下,而且还在村级党组织、村民委员会之间设立一个并行的公共权力监督机构,进而实现村务管理与村务监督相分离,有效实现了对村庄公共权力的监督,有效避免了村庄公共权力因缺乏监督而发生滥用现象。

五、重视功能拓展,推动村庄服务高质量发展

　　村民自治推行的目的在于动员广大村民的积极性与主动性,通过自我力量发挥,实现部分公共服务的自我供给。所以,从村民自治的制度设计上看,自我管理、自我教育与自我服务是村民自治的重要内容,也是村民自治的重要目标。但是在实际运行过程中,人们更多将注意力集中在自我管理之上,自我管理先行,而自我教育与自我服务明显滞后,"三个自我"未能实现同步发展,以至于人们错将村民自治等同于村民自我管理,自我教育与自我发展被隐藏在自我管理之后,这也在实际中制约了村民自治的全面发展。与此同时,由于自我教育和自我服务,尤其是自我服务得不到有效发展,村民很多需求得不到及时满足,由

此而逐渐引起广大村民的不满，这在东部沿海发达地区表现得更为明显。基于此，如何进一步拓展村民自治的服务功能，实现自我管理、自我教育与自我服务"三个自我"的均衡发展，成为浙江省一些地方创新的出发点。

为了更好解决乡村社会日益涌现的公共事务，向广大村民提供更加优质的公共服务，满足广大村民日益多元化的实际需求，浙江省上虞市（现绍兴市上虞区）戴家村早在20世纪90年代就积极探索村级组织和村干部向村民提供便民服务的自我服务方式，并逐步发展成为以服务为导向的"四不出村"工作法，对乡村治理从传统管制思维向现代服务型治理思维转变做了进一步有益探索，很好地阐释了村民自治的实质精神。再如，发端于西周镇的村民说事制度，历经多年探索实践与深化提升，形成了以党组织为核心引领，以"共商共信、共建共享"为原则遵循，贯穿"说、议、办、评"四大环节，集民意疏导、科学决策、合力干事和效果评估于一体的现代农村基层治理制度体系，成为"自治、法治、德治"三治融合的乡村治理样本。从运作效果上看，象山县村民说事制度以"说"广泛收集疏导民意，以"议"科学规范决策，以"办"合力抓好事项落实，以"评"形成干部争先创优氛围，构建了"说、议、办、评"的村民说事制度体系，通过与农村小微权力规范化运行、一村一法律顾问、信息化建设有机融合，营造了象山县共建共治共享的乡村治理生态，提升了乡村治理水平。截至2019年5月底，象山县累计收集村民说事各类议题6.9万个，采纳6.5万个，采纳率达94.2%；协商确定村级重点项目11076项，开工建设10580项，开工率达95.5%；处理农村"白条"2.15亿元；群众对服务型党组织建设满意度提高5.7个百分点，达到96.9%，其中三星级以上党组织比例达91.6%；先后被评为省首批美丽乡村示范县、省首批"无违建县"、全国农村集体"三资"管理示范县、首批"省级信用县"。除此之外，舟山市的"网格化管理、组团式服务"、衢州市的村级便民服务中心等也是由政府部门主动推动的服务型乡村治理创新实践。这些有益探索，都践行了"管理就是服务"的新公共管理理念，通过体制机制创新将地方政府的公共服务与村级组织的自我服务有机结合起来，以多样化的服务方式向广大村民提供以需求为导向的公共服务，在具体实践中较好地体现了人民至上的理念。

第四节　浙江村民自治制度创新实践与制度自信

　　党的十八大以来，习近平总书记围绕"为什么要创新、谁来创新、如何创新、为谁创新"等基本问题发表了一系列关于创新的重要论述。新时代的创新是以理论创新为先导、实践创新为基础、制度创新为保障、科技创新为支撑的综合而系统的创新，是马克思主义相关理论在新时代的继承和发展，是对新时代中国特色社会主义创新实践的经验总结和理论升华。新时代中国特色社会主义创新实践的一个重要组成部分是制度创新，而制度创新又是制度自信的重要体现。作为一项具有中国特色的社会主义政治制度，村民自治是中国农民的伟大创造。基层群众自治制度推行以来，村民自治取得了较为理想的成效，既得到了党和国家的肯定，又得到了广大农民群众的拥护，已经深深扎根于中国农村，并有力彰显了中国特色社会主义民主政治制度的自信与优势。

一、制度创新与制度自信的辩证关系

　　制度是伴随人类社会产生而产生的，是人类社会的特有现象，甚至是本质现象之一。人类思想家对制度问题的探索可以追溯到人类文明的开端。在中国，对制度的记载可以追溯到《尚书》，而西方文明中关于制度思想的研究可以上溯到古希腊时期，其中柏拉图与亚里士多德都对制度问题做了相应的论述，并奠定了西方制度思想的理论框架。当然,任何一项制度产生后,都不会一成不变,而是随着经济社会发展,制度也会发生变化,即制度变迁与制度创新。制度创新是作为制度主体的人基于对自身存在状态的认识和反思,为了解决社会实践中的问题而对自身存在方式及其规范性所进行的改造和创造,其目的是更好地满足人的需要,促进人的全面发展。所以,从这个意义上看,制度创新并不完全等同于制度变迁。制度变迁是一种社会事实,主要涉及制度本身的演进,而制度创新不是一个自然历史过程,也不是一个事实陈述问题,而是一个实践问题。改革开放以来,随着我国社会从传统社会向现代社会的快速转型,以制度变迁为主要特征的社会转型必然呼唤制度创新。尤其是党的十八大以来,我国社会主义建设与改革已经进入攻坚时期,虽然取得显著成绩,但问题积累、挑战很大,面临很多深层次、全面性、根本性、结构性的矛盾与难题,都将发展矛头指向制度创新。甚至可以说,我国改革开放的过程就是制度创新的过程。那么,什么是制度创新呢?

从马克思主义唯物史观角度看,制度创新的内涵主要包括以下三个方面:一是制度创新是以"现实的个人"为价值主体的。在马克思看来,作为历史主体和制度主体的人不是抽象的个人而是现实的个人,是实践的存在。制度作为人类存在方式即实践的历史性规范,其主体是人,制度创新的主体也是人。换言之,人的存在是一切制度的基础,是最根本的价值。制度本身就是为了保障人的存在而存在的,所以,制度创新过程中必须以"现实的个人"为价值主体,制度创新的出发点与落脚点就是为了满足人的各种需要。二是制度创新是以"人的现实存在方式"为价值基础的。在马克思看来,制度所关注并加以规范的不是抽象的"绝对精神",也不是抽象的"宇宙本体",而是人所生活的现实世界,所以制度创新的价值基础是人在现实世界的存在方式,即人的现实存在方式。在现实社会中,人所生活的现实世界并非同质性的,而是具有一定的异质性,所以,中国特色社会主义制度的创新就是要从我国的社会现实出发,与我国当前的政治、经济、社会、文化等方面的发展相适应,我们可以借鉴西方制度建设的成功经验,但绝不能完全照搬照抄,否则就会出现"橘生淮南则为橘,橘生淮北则为枳"的尴尬局面,出现制度的水土不服。三是制度创新是以"人的自由全面发展"为价值目标的。在马克思看来,制度变迁与人的发展是同一过程的两面:一方面,制度对人本质能力的发展、社会关系的丰富和自由个人的形成具有重要意义;另一方面,人的存在方式和发展程度也影响和制约着制度的发展水平和程度。随着人类实践的不断推进,具有现实性和客观性的制度变迁必然很难与活跃的人类实践的变迁相同步,这就在一定程度上制约和限制了人的存在和发展,于是人们对旧制度的创新也就成为必然。所以说,人的自由全面发展不仅为制度创新提供了主体条件和永恒动力,更是制度创新所应树立的终极价值目标。[①]

制度自信就是人民高度认可、认同、推崇、尊重制度,并自觉遵从、执行、维护、发展制度的过程,是一个国家长期稳定发展的基础。制度自信在西方发达国家非常普遍。许多西方精英往往以"西方中心论"为出发点,坚信西方制度,尤其是西方自由制度、民主制度、人权制度等是世界上最好的制度,是优于非西方国家的制度,是其他国家制度建设的榜样与范本,也是其他国家发展的未来。例如,美国学者弗朗西斯·福山在《历史的终结》一书中就明确指出,苏联解体、东欧剧变,标志着共产主义运动的终结,所有国家的历史发展只能走西方的市场经济和民主政治的道路。这种"历史终结论"可以说将西方国家的制度自信推向了顶峰。当然,中国改革开放后所创造的经济迅速发展和社

---

① 赵峰:《制度的内涵与制度创新的价值取向》,《马克思主义哲学论丛》2014年第2期,第278页。

会高度稳定的"世界奇迹"让部分西方学者开始重新审视"西方中心论"。例如,面对中国特色社会主义制度的生机勃勃,福山修正了自己的观点:"客观事实证明,西方自由民主可能并非人类历史进化的终点。随着中国的崛起,所谓历史终结论有待进一步推敲和完善。人类思想宝库需为中国传统留有一席之地。"①根据十九届四中全会《中共中央关于坚持和完善中国特色社会主义制度　推进国家治理体系和治理能力现代化若干重大问题的决定》的阐释,我国的制度自信就是坚信中国特色社会主义制度是以马克思主义为指导、植根中国大地、具有深厚中华文化根基、适合中国国情、维护人民利益、深得人民拥护的制度;是具有强大生命力和巨大优越性、能够确保国家长治久安的制度;是能够持续推动拥有近十四亿人口大国进步和发展、确保拥有五千多年文明史的中华民族实现"两个一百年"奋斗目标进而实现伟大复兴的制度;是能够推动构建人类命运共同体,有利于促进世界和平发展的制度。这种制度自信不仅源自新中国取得的巨大成就,而且源自"中国之治"与"西方之乱"的明显对比,是在新中国取得巨大辉煌成就基础上逐渐形成的。可以说中国特色社会主义制度给出了一个他国可以借鉴的价值引领和解决方案。

　　制度自信与制度创新密切相关。习近平总书记指出,制度自信不是自视清高、自我满足,更不是裹足不前、故步自封,而是要把坚定制度自信和不断改革创新统一起来。首先,制度自信是制度创新的前提和基础。制度自信贯串于制度建设的全过程,这种自信来自制度的历史、现状、未来;来自制度的内容、实施过程、实施结果;来自对不同制度下生产力发展水平的比较、人们生产生活状况的比较、综合国力的比较等。制度创新是制

---

　　①　李彬、李海波:《人间正道是沧桑——读〈道路自信:中国为什么能〉》,《红旗文稿》2014 年第 4 期,第 36 页。

度发展的必然趋势，制度创新是制度自信的外在表现。其次，制度自信要求推进制度创新。马克思主义唯物史观认为，任何事物都在发展变化，静止不变的事物是不存在的，制度也是如此。制度来自社会发展，又服务于社会发展。社会在发展，某些制度不能不变。要发展就要适当改变制度，不变就不会发展。这是二者关系的理论基础。制度自信不是对某一时段、某一领域的制度自信，而是对制度发展全过程、全领域的自信。如果制度自信仅仅停留在取得的成就上，刻意回避发生的曲折与错误，这不是制度自信，而是制度不自信；如果制度自信只对过去或现在的制度自信，并不随着社会发展而改变制度，这种自信也经不起检验。制度要改变，离不开制度创新，制度创新是制度自信的必然要求，是社会发展的必然要求。裹足不前是制度创新的大敌，也是制度自信的软肋。这是二者关系的实践基础。最后，制度创新需要坚定制度自信。随着社会的发展，制度一定要创新而且一定能创新，这本身就是一种制度自信。那种认为某一社会形态的制度历经数百年不变就是值得称赞的认识是完全错误的，这种认识面对社会发展中出现的问题总是从旧制度中寻找答案，而不是根据新情况、新问题探索新办法；这种错误认识要么是对旧制度的完全迷信，要么是对新制度的形成缺乏信心。制度创新是历史发展的必然，制度创新需要尊重制度历史，尊重制度历史不等于完全肯定历史，对制度历史的完全肯定或简单否定都不是历史唯物主义的态度，更不是制度自信的表现。

二、以村民自治制度创新推进制度自信

众所周知，基层群众自治制度是中国特色社会主义民主制度的重要内容，也是我国一项基本的政治制度，它与人民代表大会制度、中国共产党领导下的多党合作和政治协商制度、民族区域自治制度一起，共同构成了中国特色社会主义政治制度体系。

在村民自治运行实践中,全国各地都进行了有益的制度创新,彰显了村民自治制度的强大生命力。为了更好地推动村民自治制度落地,增强广大基层人民群众对村民自治制度的自信,村民自治制度还需深入探索与创新。

一是回归自治本质,强化村民自治的自主性。按照《村组法》的规定,村民自治的核心要义之一在于自治。对此,徐勇和赵德健指出,村民自治至少要包括以下三个核心要素:一是自主性,即个人或群体能够自主支配自己的行为;二是自力,即自我的力量,自身具有治理的能力;三是自律性,即对自己的行为加以约束。① 卢福营在此基础上又添加了一个核心要素——自为性,即村民亲自处理自己事务的行为。②

村民自治作为基层群众自治处理自身公共事务与公益事业的制度和行为,在过去的几十年里得到了长足发展,并有力地推动着中国特色社会主义民主政治的发展与完善。但是,也要清楚看到,在村民自治的实践过程中还存在一些不容乐观的地方,尤其是随着国家政权建设的深入,一些地方政府过度的行政介入和控制,导致村民自治的成长空间越来越小,村民自治组织的角色出现偏离,很多地方的村民自治徒有自治的形式而无自治的内容,村民自治处于空壳化状态。例如,一些地方过于注重政府对村民自治的指导作用,导致村民自治组织一定程度上成为基层政府的"代理人",忽视了村民自治组织的村民"当家人"角色,村民自治组织无力承担自我管理、自我教育与自我服务工作。村民自治逐渐偏离了自治的本质。

为了真正回归村民自治的自治本质,突出村民自治的自主

---

① 徐勇、赵德健:《找回自治:对村民自治有效实现形式的探索》,《华中师范大学学报》(人文社会科学版)2014 年第 5 期,第 1 页。

② 卢福营:《回归与拓展:新时代的村民自治发展》,《天津社会科学》2018 年第 5 期,第 82 页。

性,更好实现村民群众自己治理自己,实现乡村治理体系与治理能力现代化,中共中央、国务院专门出台了《关于加强和完善城乡社区治理的意见》(以下简称《意见》),要求明确乡村治理中的各个主体的角色与地位,充分发挥基层党组织的领导核心作用、基层政府的主导作用、村民自治组织的基础作用以及社会力量的协同作用。可以说,村民自治在乡村治理体系中的基础性地位与角色再次得到国家法律的认可。所以,在未来的乡村治理实践中,应当结合《意见》的实质精神,在乡村治理的组织框架下,结合当前中国乡村社会的实际,在基层党组织的领导下,强化村民自治的基础性地位,发挥村民自治组织的基础性作用,在回归自治本质的前提下与基层政府治理形成良性的互动关系。与此同时,村民自治还需结合自身的独特性,充分挖掘历史传统资源,充分调动广大基层群众的积极性与主动性,形成基层党组织领导下的自治为基、法治为本、德治为先的"三治"融合治理新格局,逐步提升乡村治理体系和治理能力的现代化水平。

二是拓展村民自治形式,强化村民自治的有效性。在我国,村民自治作为一项制度已运行30多年,经历了一个复杂曲折的过程。虽然取得了辉煌成绩,但以村民委员会为自治主体的村民自治在实践中也遇到很多困难和问题,处于发展的瓶颈状态,村民自治更多的是依靠外力推动,使得村民自治难以有效实现,甚至陷于制度"空转",难以"落地",村民自治在农村治理过程中"失落"。这种"失落"与"成长的烦恼",恰恰说明村民自治需要根据乡村治理的环境变化做出适应性调整,积极探索村民自治的有效实现形式。例如,浙江省率先探索和创新的村务监督委员会制度、小微权力清单制度、民主恳谈、网格化管理、组团式服务等,都取得了显著成效,形成了一些有益经验,不同程度地推动着村民自治的提升与拓展。也正是基于村民自治的发展状况和农村经济社会发展日益多样化的事实,以及村民自治有效实现形式的地方探索与创新实践,在中央的积极鼓励和推动下,

2014 年中共中央一号文件明确提出"探索不同情况下村民自治的有效实现形式"命题，要求拓展村民自治形式，突出村民自治的有效性。

一方面，拓展村民自治有效实现形式，要充分认识到自治单位或者"自治体"是村民自治的主要载体，但并不是唯一的载体，还可以并且需要有更多载体来体现。即村民自治有效实现有赖于建构多层次多类型多样式的村民自治实现形式体系。其中，多层次是指村民自治的实现形式可以在多个层次上展示。即村民委员会可以建立在建制村层面，也可以建立在自然村层面，还可以建立在村民小组层面。村民委员会选择建立在哪个或哪几个层面，应以是否有助于村民自治实现为关键。多类型是指不同层级的村民自治，其形式可以而且应该是多类型的。如在建制村层面可以是海选方式，在自然村或村民小组层面可以是沟通与协商等。多样式是指村民自治是村民自治治理、自己创造自己幸福生活的行为，它的样式是多样化的。除了公共政治生活以外，还包括经济、社会和文化领域的自治。[1] 可以说，多层次多类型多样式的村民自治实现形式体系可以与乡村社会的差异性相适应。另一方面，村民自治还要适应现代信息技术的迅猛发展，逐渐形成"互联网＋村民自治"的局面。虽然与城市社区相比，当下农村社会的科技发展与应用对村民自治的影响还相对有限，很多功效还没有明显显现出来，但是，互联网、大数据等现代信息技术的快速发展必然会在村民自治发展中呈现出强大作用，如农村电商的发展等，已经且将来必然会带来村民自治方式的根本性变革，带来村民自治形态的重大创新与拓展。所以，新时代村民自治的发展将在进一步完善制度建构的基础上拓展形式，与现代信息技术紧密关联，突出村民自治的有效性，

---

[1]　徐勇、赵德健：《找回自治：对村民自治有效实现形式的探索》，《华中师范大学学报》（人文社会科学版）2014 年第 5 期，第 7 页。

以多样化的村民自治助力乡村振兴。①

三是拓展村民自治内容,强化村民自治的全面性。民主与自治之间密切相关,但是需要注意的是,自治不一定是民主,而民主一般需要自治。客观上讲,村民自治在发展中国特色社会主义民主政治方面有着不可忽视的价值,但也需要理性地审视过去一段时间内村民自治发展的局限性。在村民自治产生和发展的早期阶段,村民自治主要侧重自治,即基层群众自己处理自己的事务,在国家主动建构和推行村民自治制度后,现代民主观念逐渐主导村民自治发展路径,村民自治的发展重心也由自治转向民主。彭真同志1987年在全国人大常委会会议上就明确指出:"有了村民委员会,农民群众按照民主集中制的原则,实行直接民主,要办什么,不办什么,先办什么,后办什么,都由群众自己依法决定,这是最广泛的民主实践。他们把一个村的事情管好了,逐渐就会管一个乡的事情;把一个乡的事情管好了,逐渐就会管一个县的事情,逐步锻炼、提高议政能力。八亿农民实行自治,自我管理,自我教育,自我服务,真正当家作主,是一件很了不起的事情,历史上从没有过。几千年的封建社会,什么时候有过群众自治?没有。所以说,办好村民委员会,还有居民委员会,是国家政治体制的一项重大改革,对于扫除封建残余的影响,改变旧的传统习惯,实现人民当家作主,具有重大的、深远的意义。"②

20世纪90年代以来,国家围绕"四个民主"出台了一系列文件,有力地促进了以民主为取向的村民自治的发展。这种以民主为取向的村民自治其实赋予了村民自治极高的民主价值,并将成为中国民主政治发展的重要实验。

---

① 卢福营:《回归与拓展:新时代的村民自治发展》,《天津社会科学》2018年第5期,第84页。

② 《彭真文选》,人民出版社1991年版,第608页。

　　虽然,以现代民主理念推动村民自治实践具有价值上的正当性,但是这也会在很大程度上忽视村民自治除了民主管理之外的其他内容,造成村民自治发展不平衡,进而影响村民自治的健康发展。例如,"四个民主"不配套、"三个自我"不同步,即民主选举先行,选举后的民主决策、管理和监督滞后;自我管理独强,自我教育、自我服务缺失。为了更好解决村民自治遇到的瓶颈问题,就需要在理念和策略上对村民自治进行根本性转换,在进一步完善民主管理的基础上拓展自治内容,更加注意村民自治的广泛性和全面性,更好地体现自我管理、自我教育、自我服务的内在统一。一方面,要结合农村经济社会发展的新情况和新要求、新任务和新条件,进一步创新和拓展民主选举、民主决策、民主管理、民主监督的内容,全面提升村民自治的民主水平;另一方面,新时代农民群众对美好生活的多元化需求必然会对自我教育和自我服务提出更高更多的要求,这又会倒逼村民自治内容不断拓展与创新,促使村民自治从片面强调民主管理走向"三个自我",实现自我管理、自我教育和自我服务的均衡发展和同步推进。[①]

---

　　① 卢福营:《回归与拓展:新时代的村民自治发展》,《天津社会科学》2018 年第 5 期,第 84 页。

第三章

村务监督的"后陈经验"

村务监督委员会是村民自治发展到一定阶段的产物。浙江省武义县后陈村于 2004 年创造性地设立了全国第一个村务监督委员会，在村一级建立起村党支部委员会、村民委员会和村务监督委员会"三委"并立的治理制度架构，成为中国村民自治制度创新的典型样本。时任浙江省委书记的习近平曾批示："后陈的村务公开民主管理工作，我一直关注着，我觉得这是农村基层民主的有益探索，方向肯定是正确的。"①深入探索与分析武义县后陈村村务监督委员会的产生与实践无疑具有重要现实意义。

---

① 《"习近平鼓励我们村进行基层民主建设的有益探索"——习近平在浙江（三十七）》，《学习时报》2021 年 4 月 19 日第 003 版。

第一节　后陈村村务监督委员会的兴起

任何事物的产生与发展都有一个过程,一个不断完善与优化的过程。村民自治也不例外。村民自治作为一个新的法定制度,也在不断的成长之中。随着市场经济的发展,村庄公共事务日益复杂,村庄利益矛盾日益增多,而村务监督却处于缺位或虚化状态。二者之间的矛盾张力需要常态化的村务监督机构加以调解,最终催生了后陈村的村委监督委员会的诞生。

一、村务民主监督面临的制度困境

在村民自治制度设计中,民主选举、民主决策、民主管理与民主监督构成了村民自治的"四驾马车"。就民主监督而言,要贯穿于整个村民自治过程中,起着整合、纠错与保护作用。在现行的村民自治制度框架中,民主监督主要体现在村务公开、村民会议和村民代表会议、村民评议村干部和村务工作以及乡镇政府监督等方面,但实践却表明,当前民主监督面临着一系列制度困境,无法真正落地。

一是村务公开不到位。村务属于村庄公共事务的范畴,具有公共性,因此需要向村民公开,接受村民的监督。但在村民自治最初实施过程中,村务还存在不透明、公开力度不够等问题,主要原因有:首先,村务公开制度实施主体错位。主要表现为村务公开实施的主体多是村干部,村民参与力度不足;村务公开重表面重形式,轻实质轻实效;村务选择性公开,不痛不痒的内容多公开，核心内容遮遮掩掩；等等。之所以如此，主要是因为一些村庄缺乏相对独立的村务管理监督机构，造成村务监督缺位；一些村庄虽然成立了财务监督小组或村民理财小组，但成员往往由村委会指定，或与村委会有着千丝万缕的联系，他们往往向村干部负责，对村民反映的问题多不理不睬，监督很难做到客观公正，造成监督失位。其次，村务公开缺乏相应的制度保障。虽然《村组法》明确规定，要实行村务公开，并强调村务公开的原则要求、内容范围以及不及时实行村务公开或公开内容不真实的法律责任，但是这种规定更多是原则性的，对村务公开的程序、方式及怎样保证公开的真实性等问题规定不详，导致实际操作上存在问题。尤其是对村民所关注的土地征用款的分配使用、宅基地审批、重大建设工程项目招投标等问题，许多村庄都没有相应的制度规范，现实中往往由村干部说了算，村务管理相对混乱。

二是村民难以通过村民会议或村民代表会议进行监督。根据《村组法》的规定，村民会议或村民代表会议是村庄的权力机构，也是村民选举、监督与制约村干部的重要机构。但是，从目前来看，村民会议或村民代表会议无论在制度规定上还是在具体实践中都存在一些问题：首先，《村组法》虽然增加了村民代表会议的规定，但其性质和职权规定较为模糊，没有类似《村民代表会议组织法》的法规对其具体议事规则、程序做出可操作性的规定，而且没有明确谁负责日常性工作。① 与此同时，村民会议和村民代表会议的权力也缺乏保障的载体，以至于执行过程中存在随意性很大，相当一部分形同虚设，相当一部分作用没有充分发挥的情况。其次，村民会议或村民代表会议形式化问题。村民会议或村民代表会议虽然承担着监督功能，但是广大农民

---

① 胡序杭：《农村基层党风廉政建设面临的主要问题及对策》，《哈尔滨市委党校学报》2008 年第 1 期，第 70 页。

群众参与村民会议或村民代表会议的热情并不高。很多村民感觉村庄事务管理是村干部的事情,与自己没有很大关系,形成"事不关己高高挂起"的冷漠态度。这就大大降低了村民会议或村民代表会议的实际功能,使之流于形式化、表面化。最后,村民代表的代表性不足问题。为了更好地召开村民会议,在人数多、地域广的地方,可以举行村民会议,也可以举行村民代表会议。顾名思义,村民代表,是村庄范围内广大村民的根本利益的代表,其代表的利益应该是所有村民利益的最大公约数。但是,在一些村庄还存在一些所谓的"潜规则",即村民代表往往由村两委指派或选派,在村两委的暗箱操纵下,通过村民代表的名实现村干部利益的实。在这种情况下,村民会议或村民代表会议的决策与监督职能落实情况可想而知。

三是村级组织体系中缺乏应有的常设村务监督机构。《村组法》在最初实行中,明确了党组织、村民会议(村民代表会议)与村委会的权责关系架构,即党组织是领导核心,村民会议(村民代表会议)是村民自治的权力中心和决策机构,村委会是村庄重大决策、村务管理的执行机构。很明显,这个体制架构缺乏一个常态化的村务监督机构。同时,在村务实际运作过程中,村务决策权、执行权和监督权往往又是混在一起的,小微权力既缺乏有效的分工,也缺乏有效的制衡,村干部为便于管理,往往把决策过程简单化、决策程序形式化,使得很多村级公共权力运作处于弱监督或无监督的状态,这既会导致决策失误,也容易出现权力变异,导致权力腐败。

四是基层乡镇政府监督不力。自村民自治制度确立以来,"乡政村治"就逐步成为我国管理基层地区的常态化模式,乡镇政府也逐步成为连通政府和村民自治之间关系的桥梁,承担着政府对基层群众自治管理的相应职能。但对于基层政府能否对村级组织的各项事务进行监督而言,却总是困惑于《村组法》第五条中有关乡镇政府和村委会之间关系的规定。根据《村组法》

的规定，基层党委、政府与村级组织之间的关系主要有两种：一是乡镇党委与村两委之间的领导关系；二是乡镇政府与村委会之间的业务指导关系。对于党的领导关系无可厚非，因为"党政军民学，东西南北中，党是领导一切的"。然而，对于业务指导关系却存有误解，认为乡镇政府对村委会的工作进行指导、支持和帮助是乡镇政府的法定职责，但对于乡镇政府能否对村委会工作进行监督却存有疑虑，导致乡镇政府作为监督者对自我定位认识不足。同时，即使乡镇政府明确自身的监督之责，监督方法也有待改进。例如，有些乡镇政府重量不重质，一味采取"以痕迹论政绩"的考核方式来监督村级组织管理者，这种方式虽然可以起到监督作用，但是在强大的工作压力下势必会有部分村级管理者过于重形式而忽略实质，久而久之反倒成为考量政绩的标杆，不但没有落实好工作，反倒走向另一个极端——形式主义顺势蔓延，最终导致村务监督流于形式。[①]

二、后陈村村务监督产生的背景

后陈村所在的武义县，地处金衢盆地东部，面积 1577.2平方千米，人口 33 万。金温铁路、金丽温高速公路、330 国道、44 省道穿境而过，区位优势比较突出。1996 年以前，武义县一直是浙江省 8 个省级贫困县之一，但随着周边永康、义乌等地工业经济迅速发展，武义县的土地价值逐渐突显出来，成为发展区域经济的重要动力。中共武义县委、县人民政府充分抓住这一宝贵机会，利用相对宽裕的土地资源和劳动力资源，大力兴建工业园区，以优良的投资环境吸引外来投资，释放土地政策红利。短短几年间，武义县就从一个落后的农业县发

---

① 郭法宏：《论我国村务监督制度的完善——以村务监督委员会为中心》，河南大学硕士学位论文，2019 年，第 27 页。

展为中等发达的工业县,工业经济突飞猛进,国内生产总值、财政收入均以年均 20％多的增速前进,一举成为省内 25 个欠发达县市的领头羊。

工业化、城市化的快速发展,往往是以土地征用为前提的。随着城乡一体化的推进,武义县城郊农村的土地被大量地征用,很多村庄的土地征用款可达上百万甚至上千万元。由于缺乏有效的监督与制约,乡村干部违法违纪案件频发。据统计,2001年至 2003 年短短的 3 年间,武义县纪委共立案查处农村党员干部 147 人,占查处总数的 46.9％,仅 2003 年一年就查处了 40人,占查处总数的 48％。与此同时,反映村干部贪污腐败的上访活动也日趋增多。仅 2003 年,县纪委共受理来信来访 300 多件(次),反映村干部问题的占 65％,重复上访 120 多件(次),占40％,重复上访、集体上访所占的比例明显偏高。农村党员干部违法违纪案件严重影响了农村的稳定,侵害了村民的利益,损害了党和政府的形象,也牵制了县委、县政府的大量精力。[1] 这就急需当地政府通过基层治理机制创新来缓和与化解日益激化的农村社会矛盾,实现县域治理的有效性,提升政府治理的绩效。这也为村务监督委员会的产生提供了制度环境。

武义县县域经济的快速发展与基础设施建设的全面开展,导致黄沙需求不断增加,黄沙价格一度走俏。2000 年,一个金华籍老板以 160 万元的合同款承包了后陈村 50 亩沙场。2001年,金丽温高速公路征用了后陈村数十亩土地,村集体由此获得30 余万元土地征用款。2002 年至 2004 年,武义县经济开发区又陆续征用后陈村 1000 多亩土地,土地征用款与青苗补偿费高达 1900 多万元。土地征用带来的高额费用,牵动着每一个村民的利益,引起了广大村民对村级事务与集体资产分配的高度关

---

　　① 施嵩、陈振声:《足迹:浙江省武义县基层民主政治建设的实践与探索》,中国文史出版社 2006 年版,第 72—73 页。

切。与此不匹配的是,后陈村与其他村庄一样,缺乏有效的村务监督,导致村务财务混乱,部分村干部以权谋私,利益分配不公正,引发干群矛盾升级,村庄秩序严重失控。在部分村民代表的带领下,后陈村有 400 多名村民参与集体上访。巨大的经济利益也带来村委会竞选的激烈开展,村委会主要干部不断更替。当然,简单的人事调整是无法有效化解矛盾纠纷的,相反,新的村领导班子组成后,村级财务管理更加混乱,村支书和村主任往往大权独揽,以权谋私。例如,2003 年,时任村党支部书记和村主任在没有征求村民意见和召开村民代表会议的情况下,私自挪用村集体资金为村民购买商业保险,并从中收受回扣,村支部书记被免职并受到刑事处罚,村主任则被批评教育。这一事件更加加深了群众对村干部的不信任。村两委关系不和谐,村务不透明,重大决策不民主,村干部侵占群众利益、办事不公、处事不廉等问题强烈地刺激着后陈村村民的神经,干群关系空前紧张,村民上访人数空前高涨,白洋街道也对后陈村领导班子失去了信任。

2003 年 11 月,武义县白洋街道的工办副主任胡文法临危受命,到后陈村兼任村支书。胡文法上任伊始,后陈村的干群关系紧张到了极点,村庄秩序严重失控。对此,胡文法感触颇深:"当时村民与村两委的矛盾到了一触即发的程度,村里公告栏里到处贴着反映村干部的'小字报',村民今天到街道实名举报村干部,明天到县里上访讨说法,村里开个会像批斗会,村干部常常被骂得抬不起头,有许多事情想解释也解释不清楚,因为群众不相信。"原白洋街道党委副书记、纪委书记徐向阳也表示:"当时后陈村村民经常到街道来集体上访,围着我的办公桌直嚷嚷,你们不处理,我们就直接到县里,甚至到市里省里。"在这种情况下,胡文法上任后的"第一把火"就是进行组织重建,打通言路广泛听取村民的意见。在他的努力下,村两委恢复了中断多年的村民代表会议议事制度,党员民主生活会也开始制度化。上任后的几天时间里,胡文法主持召开了多次会议,广泛听取党员、村民代表和普通村民的意见和建议。为了彻底扭转村民对村干部的看法,疏通村干部与村民之间沟通的渠道,改变后陈村财务管理乱象,受村民自发开展村务监督及企业管理中设立监事会进行专口监督的启发,胡文法到后陈村的第一件事就是建立一个村民财务监督小组,对村两委的每月财务支出进行审核。于是,后陈村出现了"财务管理小组"。管理小组成员共5人,村民选3名代表,村支部和村财务各出1人。财务支出不仅要村支书、村主任签字,还要财务管理小组审核签字,才能入账。同时,村里把财务账单张贴在村办公楼围墙外,自觉接受村民监督。试行之初,财务管理小组运行还是受到不小阻力。村委会许多干部或是反对,或是不支持,认为这个是自己给自己设置障碍和藩篱,会导致工作无法有序开展。不过,广大村民却认为,通过村务公开,村民可以详细了解村集体的每一笔开销,自身的权益可以得到有效维护。于是,在广大村民的坚持下,这项制度最终得以执行下来。

后陈村的"财务管理小组"做法引起了中共武义县委领导的注意。2004年,武义县决定把后陈村列为全县村级财务监督改革的试点村。具体做法是,按照村民代表会议通过的后陈村《村务监督委员会选举办法》的规定,在除村两委成员及其父母、配偶、子女、兄弟姐妹等以外的村民代表中,经民主选举产生村务监督委员会委员。村务监督委员会设主任1名、委员2名。同时规定,须经村民代表会议讨论通过,制定后陈村《村务管理制度》和《村务监督制度》2项制度。新成立的村委会按《村务管理制度》行使职权、承担义务,接受按照《村务监督制度》实施的监督,并对村民代表会议负责。后陈村的《村务管理制度》和《村务监督制度》这2项制度,从听取广大村民意见形成初稿,到征集梳理社会有关方面意见,后又发到全村每家农户让村民再次提出意见,这样反反复复到表决通过,经历了3个多月时间,力求制度中每项条款既能体现村民意愿又切实可行,最后与《村规民约》一起印刷成册,分发给每一农户。2004 年 6 月 18 日,后陈村召开村民代表会议,通过了《村务管理制度》《村务监督制度》及建立村务监督委员会的决议,选举产生了全国第一个村务监督委员会,标志着村务监督委员会制度的正式诞生。①

---

① 吴有亮:《乡村合作治理绩效研究——以浙江武义县后陈村村务监督为例》,复旦大学硕士学位论文,2013 年,第 21—23 页。

第二节 后陈村村务监督委员会的制度设计

武义县后陈村的村务监督委员会从诞生到发展再到完善，大体经历了初步探索与不断深化的过程，并推动着村务监督委员会制度不断走向成熟。

一、后陈村村务监督委员会制度设计初探

武义县后陈村的村务监督模式（又称"后陈经验"），可以概括为"一个机构，两项制度"。"一个机构"是指村务监督委员会；"两项制度"则是指《村务管理制度》和《村务监督制度》。"一个机构"与"两项制度"之间密切配合，推动着村务监督有效运行。

（一）一个机构：村务监督委员会

在后陈村，村务监督委员会由村民代表会议选举产生，接受村民代表会议的委托，独立行使村务民主监督权，并接受村民代表会议的监督和对村民代表会议负责。村务监督委员会由主任一名、委员两名组成，任期与村民委员会相同。为保证监督公平公正，村务监督委员会选举采取回避制度，即由村民代表推荐的候选人，应是非村两委成员及其父母、配偶、子女、兄弟姐妹等直系亲属的村民代表。按照所得推荐票多少，确定前四名村务监督委员会候选人。然后再采用直接选举、差额选举办法进行无记名投票。投票结果采取公开唱票计票方式，得票最高者出任村务监督委员会主任。

　　根据《村务监督制度》相关规定，后陈村村务监督委员会主要拥有以下七项基本职能：一是坚持党的领导，对执行党的路线、方针、政策及村级各项管理制度情况进行监督；二是列席涉及群众利益的重要村务会议；三是对村财务公示清单和报账前的凭证进行审核；四是建议村委会就有关问题召开村民代表会议；五是对不按村务管理制度规定作出的决定或决策提出废止建议，村委会须就具体事项提交村民代表会议表决；六是协助街道党委对村两委成员进行年终考评；七是根据多数村民和村民代表的意见，对不称职的村委会成员提出罢免意见，提请村党支部，报上级党委、政府后，依法启动罢免程序。同时，后陈村村务监督委员会还有四项义务：一是支持村两委正常工作，及时消除村民对村两委工作的误解；二是定期、不定期向村党支部和村民代表会议报告村务监督工作情况；三是及时向村党支部、村委会反映村民对村务管理的意见和建议；四是联系村民，广泛听取意见，履行监督职责。

　　村务监督委员会是一个新事物，纳入农村村民自治制度框架之中，必然要厘清村党支部、村委会和村民代表会议之间的相关关系。后陈村在《村务监督制度》中规定："村监会在党支部的正确领导下，开展村务公开民主管理的监督工作。"这说明党支部与村务监督委员会之间的关系是领导与被领导关系。中共武义县委、武义县人民政府《关于进一步健全和完善村务公开民主管理制度的实施意见》中对村务监督委员会与村党支部、村委会之间的关系也做了明确规定："村党组织是村级各种组织和各项工作的领导核心，村委会是村务管理的执行机构，村监会是村务监督机构，村民代表会议是村务的决策机构。村党组织是领导核心，要加强自身建设，切实发挥领导核心作用，支持村委会和村监会正常开展工作，保障村民民主权利。村委会在村党组织领导下，认真负责抓好村务管理活动具体的组织实施。村监会在村党组织的领导下，对村民代表负责，做好村务监督工作，不直接参与村务管理工作。村监会成员要提高自身素质和监督的能力与水平,既要联系村民,反映民意,又要支持村党组织和村委会的工作。"根据这条规定,我们可以发现,后陈村的治理结构是在党组织的领导下,村民委员会、村民代表会议与村务监督委员会之间存在相互监督、相互影响的关系。与原来的乡村治理结构相比,主要存在以下显著变化:一是村民代表、村民委员会与村务监督委员会的成员都是由村民民主选举产生的,他们是村民利益的代表,要对村民负责,大大提高了村民在村庄治理中的话语权。二是村务监督委员会由选举产生,向村民代表会议负责,并自觉接受村民代表的评议,村民代表会议的权力得到相应的提升。三是村务监督委员会是一个常态监督机构,增强了村民监督村务、监督村干部日常行为的能力。四是村务监督委员会在村党支部领导下开展工作,可以增强党支部对村民委员会的制衡力度。当然,村党支部工作也要纳入村务监督委员会的监督,使之工作更加透明、公正、公平。

(二)两项制度:《村务管理制度》与《村务监督制度》

一个有效运作的制度,往往是一系列具有有机联系的制度元素联合起来运作的闭合系统。为了更好地促进村务监督委员会的运行,后陈村还制定了村民代表会议制度、村民代表联系户制度、村务公示制度、村民听证制度、村干部述职考评制度等配套制度,形成了各项制度紧密相扣的制度链条。

一是村民代表会议制度。后陈村《村务管理制度》与《村务监督制度》规定,凡是涉及村民利益的重大问题的决策均要由村民代表会议表决。这就赋予了村民代表会议制度重要职权。具体而言,后陈村村民代表会议主要具有如下职责:讨论决定本村的社会和经济发展规划、年度生产经营计划;讨论决定重大经济项目的立项、承包原则和收益分配原则;讨论决定村庄建设规划、集体或村民建房用地计划及安排;讨论决定本村人口生育计划；审议村委会工作报告及财务收支情况报告；民主评议村委会成员；制定修改村规民约和村民自治章程；村干部误工报酬标准的确定；讨论决定涉及全体村民利益的其他重大问题，讨论决定村委会提交的其他重大事项。村民代表会议形成的决议和其他日常工作在党支部的领导下由村委会负责落实和办理。

二是村民代表联系户制度。后陈村规定：村民代表要按法定程序产生；每个村民代表固定联系一户村民；村民委员会要在三天前将村民代表会议的议题、内容通知村民代表，村民代表要事先征求联系农户的意见和建议，并在会上如实反映；村民代表应将村民代表会议采纳情况告知提出意见和建议的联系户。

三是村务公示制度。后陈村规定，凡是涉及村级管理的重要事务、村集体经济活动以及涉及村民利益的重要事项等均要执行"上墙公示"制度，及时向村民公开，自觉接受村民监督。村务公示制度具体由村民委员会组织实施，由村民监督委员负责监督与检查。村务公示主要包括事务公示与财务公示两个方面。其中，事务公示主要包括：村民代表会议讨论决定的事项及其实施情况；村财务收支情况；村庄土地、集体企业和资产的承包、经营和租赁情况；征用土地各项补偿费使用情况；村民建房审批情况；村民承担费用与劳务情况；水电等费用收缴情况；国家计划生育政策的执行情况；村干部年度工作目标执行情况；村公共设施建设项目的投资与承发包情况；村民户籍迁移情况；涉及村民利益和村民普遍关心的其他事项。财务公示主要包括：每月村集体财务收支情况；集体资产经营情况；土地征用费分配使用情况；债权债务情况；招待费开支情况；村干部误工报酬、通信费补贴支出情况；建设工程项目资金的筹集与投入情况；优抚、救灾、救济款物的发放及低保确定情况；村民关心的其他重大财务事项。

四是村民听证制度。广大民众参与公共政策制定过程是现代民主政治的典型特征，也是增强制度执行有效性的重要途径。

在后陈村,村民委员会对涉及村民利益的重要事项决策之前,要通过村民听证制度充分听取村民意见并进行科学论证。村民监督委员会可以根据多数村民和村民代表提出的意见,以书面形式建议村民委员会进行听证,实施监督。在后陈村,出现如下情况时,就要召开村民听证活动:事关村民切实利益的重大事项决策的,如旧村改造、低保对象确定等;村民对村务公示内容有疑义,并经大多数村民和村民代表提议,确需村委会做出说明解释的。具体的听证工作程序如下:重大事项决策前听证,由村委会拿出决策方案后实施听证;村民监督委员会提出听证,由村委会召集听证会,并负责报告听证事项,广泛听取村民意见,接受查询;听证后修改完善方案,形成处理决定,提交村民代表会议表决;监委会提出听证方案,村委会日内没有正当理由而不做出听证决定或解释时,村务监督委员会有权向街道办事处或上级主管部门反映。

五是村干部述职考评制度。考评工作由街道党委牵头组织,实行村两委年度述职考评。其中,村两委正职考评主要包括本村年度工作实绩、街道评价、县职能部门评价、村民代表评议;其他班子成员考评主要包括本村正职评价和村民代表评议。考核结果作为村两委干部误工报酬考核补贴和各类评先评优的依据。整个考评过程要充分听取村民监督委员会的意见。

除了上述配套制度外,后陈村村务监督委员会还通过以下几种方式开展具体的监督工作:一是列席村两委会议,参与重要村务事项的讨论。如果村务监督委员会成员对不合制度规定或不合民意的议案提出异议,可以要求村两委成员就异议议案进行合理解释并加以改进。二是以财务审核为重点的民主监督。村务监督委员会负责村级财务的审核工作,所有票据均须由三名监委会成员签名并加盖村务监督委员会公章后方能入账。例如,在村庄标准厂房建设过程中,村务监督委员会全程参与厂房建设项目方案的设计、招标、建材购买、质量验收和票据审核等工作,为村集体节省资金数十万元。三是通过个人接触、村民监督意见箱等形式收集村情民意,及时向村两委反馈,并负责向村民、村民代表解释村两委的工作,消除村民对村两委工作的误解。四是主持民主评议会,对村两委成员进行年终考评,优者奖励,差者处罚。如果连续两年考评不合格,要按章依法接受相应的组织处理,甚至还会"丢官"。

二、后陈村村务监督委员会制度设计深化

自党的十八大以来,武义县不断深化"后陈经验",以"党建＋社会治理"理念为引导,围绕"清廉村居"建设核心,积极探索村务监督标准化综合体框架,形成以村务监督为重点,自治法治德治相结合的乡村治理标准体系,打造全国基层社会治理"新标杆"。

第一,以村务监督标准化为抓手,进一步规范村务监督委员会履职。标准化是治理有效的基本手段。武义县积极推进村级小微权力清单、村务公开八大规范、村务监督二十四项内容清单等一系列制度标准化建设,以提高各村村务监督工作的规范性与有效性。按照要求,武义县所有村务监督委员会需要实现"六有"标准,即监督有制度、办公有场所、对外有牌子、监审有公章、工作有记录、履职有报酬。同时,村务监督委员会履职范围也不断扩大,从财务管理监督扩展到村务监督知情权、质询权、审查权和建议权"四权同步"的全面落实。2018 年 7 月 2 日,武义县又出台了《关于推进村务监督委员规范化建设的实施意见》(以下简称《实施意见》),率先在全国推行村务监督委员会规范化、标准化建设,提出二十条广大村民看得懂、干部做得到、实践好操作的标准化制度。武义县村务监督规范化建设主要围绕"阳光村务"展开,以实施乡村振兴战略,高水平建设现代化和美乡村为目标,通过开展"阳光村务"三年行动,到 2020 年底,全县村务公开规范率达到 100％,村务监督委员会 100％ 达到规范化标

准,基本实现农村党员干部行使公权力"零违纪"、村务事项"零上访"、工程建设"零投诉"、不合规支出"零入账",改进乡村治理机制,推进善治示范发展,打造自治法治德治相结合的乡村治理武义样板。通过《实施意见》,武义县还提出了今后将不断完善和明确的六项重点监督内容:(1)监督村务决策。围绕群众反映强烈的民生问题和重大事项,充分听取村民意见建议,督促村两委严格按照"五议两公开"程序决策。村务联席会议研究决策事项记录应由村务监督委员会"签字背书"。(2)监督村务公开。坚持长期公开事项在公开栏长期公开,月度公开事项在每月10日前公开,即时公开事项在要求时限内公开。推进村务事项从办理结果公开,向事前、事中、事后全过程公开延伸,探索运用广播、电视、新媒体等公开形式,扩大公开的广度和深度。(3)监督"三资"管理。健全资产与财务管理各项规章制度,定期审查财务支出事项,全过程监督村集体投资经营情况和资产资源处置情况。实行财务公开和民主理财,促进集体资产保值增值,逐步壮大村集体经济。(4)监督村工程项目建设。紧盯项目招投标、预决算、施工和验收等重点环节,对项目决策、实施方式、工程质量、款项支付进行全程跟踪监督,确保公正公平公开。(5)监督惠农政策措施落实。监督惠农政策申请、审核、公示、审批等程序到位,确保落实情况真实、程序规范、结果公开、发放公平,杜绝虚报隐瞒、截留私分、优亲厚友等问题。(6)监督农村精神文明建设。监督建设文明乡风、创建文明村镇、推动移风易俗、开展农村环境卫生整治、执行村规民约等工作落实情况。通过村务监督规范化、标准化建设,可以促使村务监督委员会制度建设更加具有可行性和可操作性,为推动我国新时代乡村治理提供新鲜样本。①

---

① 朱静怡、李增炜:《武义县出台村务监督规范化建设"20条"》,《金华日报》2018年7月17日,第5版。

第二，以透明公正为基本原则，积极建立健全村务监督平台。武义县积极推广后陈村后来所建立的村务监督平台做法，以此提高村务监督的实效。后陈村坚持以透明和公正为基本原则，在开辟村务公开专栏，张贴公开目录和公开内容，召开党员和村民代表会议的基础上，不断建立健全村务监督平台。首先，后陈村建立"三务"公开电子信息平台，实现"账在手中"。村务监督委员会在审核村级财务后，会统一将村级财务审核情况上传到家家户户的华数电视互动点播频道。村民只需要打开电视就能够清楚看到每张发票的具体信息。目前，武义县所有行政村基本都实现了"三务"情况与远程教育站点联通，让"三务"公开更加及时，更加透明，这也在很大程度上提高了村民对村务的了解程度，大大提升了村民参与村务的热情。据统计，仅2017年上半年，后陈村就公开上传了500多张票据，自觉接受村民监督。其次，开办《后陈月报》，实现"事在眼前"。2017年9月，后陈村开始办自己的村报——《后陈月报》，每期4个版面，内容涉及村里大大小小的事务，并且还会对上月村务收支情况进行详细刊登，甚至还会对一些问题进行及时曝光。《后陈月报》出版后，由村里的党员及时送到各家各户，让广大村民及时了解村庄发生的各种事务，有效地保护了广大村民对村庄事务的知情权、监督权。

第三，以群众满意为目标，积极推行"双述职两反馈"制度。针对村务公开栏纸质报表1/3的人不去看，去看的人1/3看不懂，看懂的人1/3对疑问无直接反馈渠道等群众反映的问题，武义县在村务监督委员会定期向村党支部述职的基础上，积极探索推行村务监督委员会向党员大会、村民代表会议"双述职"，党员向村民反馈"三务"工作、向党员大会反馈村民意见建议"两反馈"机制，发挥党员的桥梁作用，力促村务公开件件厘清。一方面，武义县增设每月15日向党员大会述职、每季度向村民代表会议述职等"双述职"议程。在具体的述职内容上,"双述职"机制需要重点围绕村级重大事务决策、村务公开、三资问题、工程建设项目和村干部勤政廉政等重点内容做到"一月一报告,一季一分析"。述职会后,村内党员会按照网格单元,入户走访,发放简报,向联系农户及时传达村务情况,让广大村民能够及时了解村务基本情况,以便村民实施监督。例如,后陈村创办的《后陈月报》,记载了村监委会述职情况、"三务"公开情况、村情动态、不良现象通报等信息,由党员定期发放给联系户。另一方面,为使群众意见建议件件有回音,针对"两反馈"过程中收集到的意见建议,武义县要求以党员或党小组为单位,对群众合理诉求进行分类,形成简要文字报告,提交党员大会充分商讨,梳理成干事清单,村里限期办理。2017年以来,武义各村通过党员大会决议共解决村务问题 2000 余件。武义县还重新梳理拓宽了"民情连心卡、意见收集箱、村民诉求沟通会"等民情通道,畅通问题反馈渠道。要求党员及时收集联系群众的诉求、意见、建议、投诉,在每月的党员大会上提交,村监委会负责现场回答。例如,泉溪镇上滩村党支部召开主题党日会议时,一名党员向村监委会主任何国荣提出疑问:"我所联系的村民跟我说,村里宅基地基础工程没经过招投标程序,而是直接承包给村干部的朋友,是否真的有这事?"何国荣当场解释,该工程是经村民代表会议讨论通过,镇招投标中心招投标后进场施工的,村监委会对村民代表会议记录、招投标公告、施工合同都有备案,也在施工现场进行实时监督。通过现场答疑和党员会后反馈,该农户再无异议。自"双述职两反馈"制度在全县范围执行以来,村级"三务"公开透明度进一步提高,涉及村务、财务的信访件明显下降,人民满意度得到明显提升。① 后陈村更是创造了连续 13 年村干部"零违纪"、村民"零上访"、工程

---

① 朱跃军、吴婧文:《武义再创村务监督升级版》,《金华日报》2018年 3 月 9 日,第 1 版。

"零投诉"、不合规支出"零入账"的"四零"纪录,村集体经济增长41倍,村民人均收入翻2番。

第四,以体制机制完善为关键,积极提升村务监督委员会制度执行力。随着村务监督委员会制度的深入发展,一些潜在的问题也逐渐显现出来。例如,在武义县白洋街道下辖的一个行政村就曾发生前后两任村务监督委员会主任职务犯罪的案件,一定程度上暴露出农村民主监督在执行过程中存在着乱监督、不监督等不良倾向,也反映出村务监督委员会执行力建设的重要性与急迫性。为此,武义县先后出台了《村务监督委员会履职细则》《关于进一步加强村务监督委员会建设的若干意见》等规定,通过对制度的细化来明确监督权限和监督程序,着力解决村务监督委员会监督形式化问题。例如,《村务监督委员会履职细则》对监委会成员任职与回避条件、罢免辞职补选程序、不规范履职行为应对措施等5个方面进行了创新规范。将易导致村监委会公信力下降的除兼任监委会主任外的村党组织成员、村委会成员及其近亲属列入回避任职对象。在明确近亲属回避对象时,剔除了原来的祖父母、外祖父母、孙子女、外孙子女这些年龄过大或偏小的人员,增加了子女的配偶、岳父母等可能出现的回避对象。创新提出了"依法履职,服务发展;忠于职守,实事求是;廉洁自律,克己奉公;联系村民,收集民意"32字履职要求,概括提出了不准监督越位、错位,不准影响村两委正常工作,不准直接或间接参与承包本村建设工程,不准不据实签署财务审查意见,不准煽动、组织或参与非法上访等8个不准行为。明确了监委会成员辞职、罢免、补选程序。规定村监委成员出现连续2次无正当理由不履行财务审查职责,或有非法采矿、涉黑涉恶等8类情形之一的,应予辞职或罢免,明确了不规范履职行为的应对办法和救济措施。建立程序化逻辑思维模式,按照"可以做什么——碰到执行障碍怎么办"的思路来设计制度,明确监委会享有知情权、质询权、审查权、建议权,并建立完善了工作报告、申诉保障等多项制度,为监委会更好履职创造条件。另外,为了倒逼村务监督委员会主任履职担责,武义县还出台了《村务监督委员会主任考核办法》,明确了村务监督委员会主任考核标准,按照 5 个考核等级划定工作报酬。2017 年以来,全县共有 7 名村务监督委员会主任"零报酬",3 人被罢免职务。①

---

① 中共金华市委党校、中共武义县委:《奋进:从村务监督走向基层治理》,中国农业出版社 2019 年版,第 81 页。

第三节　后陈村村务监督委员会的
运作与绩效

后陈村村务监督委员会主要承担着民主监督功能，但是"一个机构，两项制度"的文本设计是否可以真正落地呢？换言之，这种制度文本在遭遇后陈村实际时会不会背离初衷而发生偏离呢？事件治理是观察基层社会治理具体运行及其效果的重要窗口。这里我们可以从当时发生的几个具体的村庄事件去探寻后陈村村务监督委员会制度的运行逻辑。

一、后陈村村务监督委员会制度运行的案例掠影

（一）后陈村沙场承包事件

后陈村的村西有一个沙场，占地约 50 亩。从 2001 年到 2003 年，该沙场主要由一个金华籍的老板以每年每亩 3 万元的价格进行承包，村集体由此可以获得每年 150 万元的收益。2004 年，沙场承包期满，为更好地增加村集体经济收入，部分村民主动向后陈村村务监督委员会提议由村集体自主经营。村务监督委员会认为村民提议可行，于是向村两委提出建议。村两委商议后采纳了提议，并拟订了实施方案，交由村民代表会议表决通过。表决通过后，沙场虽由村庄经营，但装载黄沙的铲车则需要向社会公开招标，以弥补村庄经营沙场的不足。最后，与铲车承包方以每辆铲车每小时 100 元的价格达成协议。但是在真正的运行过程中，有的村民很快发现，经过社会公开招标的铲车

承包方常常出现出勤不出力、工作效率不高、"磨洋工"等消极怠工现象。为此,村民开始向村务监督委员会提议,要求改变原来的按时计酬方式,采取按照每辆铲车所产土方来计算薪酬方式。村务监督委员会将意见转达给村两委,村两委又将该意见拟订成为具体实施方案,提请村民代表会议讨论,最后决定通过向社会再次公开招标的方式来确定铲车承包方以及单位计酬价格。经过招投标,单位计酬价格最终确定为筛黄沙每立方 3.38 元、二四子每立方 3.00 元,装混石、统沙每立方 0.8 元。这一价格远远低于原来村委会制定的标准,仅这一项就给后陈村村集体节约 10 余万元资金。

(二)厂房修建事件

为了给村集体带来稳定的经济收益,2004 年 3 月,经后陈村村两委提议,村民代表会议民主讨论决定,把土地征用费用的一部分用于厂房建设,通过出租厂房获取稳定租金。在厂房建设过程中,后村村村务监督委员会主要做了如下工作:一是监督厂房建设方案的设计。村两委委托社会单位设计厂房建设方案,并提交村民代表会议讨论与表决,村务监督委员会则对厂房建设方案设计费等方面产生的票据进行审核。二是参与厂房建设的招投标。厂房建设招投标由确定预算单位、厂房建设工程款预算、制作招投标文件、发布公告等几个关键环节组成,后陈村村务监督委员会是全程参与的。通过招投标,后陈村厂房建设最终以每平方米 40 元的价格进行承建。三是参与建筑材料的选购。后陈村厂房建筑材料选购采取清包方式,主要归由 2 名村干部、1 名党员和 1 名仓库管理员组成的村基建管理组自行采购。为了保证建筑材料选购的公正与透明,村务监督委员会成员与基建管理组成员一起全过程参与建筑材料的选购。据时任村务监督委员会成员的一名村民回忆,当时他们在采购水泥时,店主给出每袋 240 元、242 元和 245 元不等的价格,最后经过与店主多次讨价还价，以每袋 238 元的最低价格购得，为村集体节省了部分开支。四是严格实施票据审核。村务监督委员会每个月都要对基建方面产生的各类票据进行严格审核，如票据开支是否合理，票据金额是否属实，流程是否规范，票据产生是否合规，等等。审核通过的票据才能加盖村务监督委员会的公章，并上墙公示，接受广大村民的监督。五是积极参与厂房竣工的验收。村务监督委员会连同村两委、基建管理组成员一道对已经竣工的厂房进行验收，并针对有关问题提出整改意见，确保厂房建设质量。据村务监督委员会成员回忆，在共同验收过程中还发生了一个小故事。当时，厂房的电线安装没有采取公开招标方式，而是由基建管理组指定村里的一个电工承担。对此决定，有些村民认为此举会不会存在利益输送或利益寻租问题，于是向村务监督委员会提出质疑，并要求基建管理组做出合理解释。基建管理组最后以金额较小，村里电工业务好，可以胜任为由向村民做出详细解释，并得到村民的理解。经过多方努力，后陈村厂房建设顺利完成。现有厂房占地面积 5600 平方米，以每年每平方米 40 元的价格租出，租期 5 年，每年获取租金 20 余万元。

（三）开发区征地事件

随着武义县工业化、城市化和城乡一体化进程的加快，城郊农村的土地被大量地征用。2004 年，为促进武义县经济开发区建设，武义县开始向后陈村征用土地。当时根据武义县经济开发区的核定，征用土地面积约 1100 亩，共计 711080.6 平方米。其中，青苗补偿费约 1932 万元。但是，村里的一部分村民对武义县的核算存在质疑，于是要求村务监督委员会向开发区反映村民意见，并对土地面积进行重新核定。村两委和村务监督委员会成员采纳村民建议，对被征用的土地面积进行重新核定后发现，实际征用土地面积要比开发区核定的多出 8494 平方米。村两委与村务监督委员会成员就此事与武义县经济开发区进行磋商,希望开发区能够将超出协议数量的征用面积按现在新的单价计算征用费,由此为后陈村追回土地补偿款 30 余万元。村务监督委员会成员全程参与此事件,及时向村民反馈事情进展,过程公开透明,得到了村民们的肯定与认同。

(四)水泥购置亏损事件

按照水泥市场的变化规律,水泥一般是上半年价格相对便宜,下半年价格会上涨。由于村里工程建设需要购置大量水泥,所以,为节省开支,在村务监督委员会列席会议的前提下,后陈村村两委开会讨论,决定于 2004 年上半年先购置水泥 200 吨,每吨价格约 300 元。当然,整个水泥购置过程也是在村务监督委员会的全程监督之下展开的。但不巧的是,2004 年下半年,在国家宏观调整下,水泥的市场价格非但没有像往常那样上涨,相反降至每吨 260 元,从而导致村庄实际亏损。一时间有些村民表示不理解,甚至还有一些流言蜚语,村两委干部感到受冤。村务监督委员会得知情况后立刻向村民进行解释,说明来龙去脉,并及时公开水泥购置的相关票据等,自觉接受村民的监督,听取村民的意见。经过公示与耐心解释,最终得到村民的理解。村民们纷纷表示:"这种事情谁也无法预料,谁也无法保证购买稳赚不亏。由国家调控造成村庄损失,不能怪罪村干部。"村务监督委员会的运作,维护了村两委的威信,维持了村庄的安定有序。

上面四个事件都是后陈村村务监督委员会实际运作中的碎片,但是这些碎片事件不仅能够反映出村务监督委员会的实际运作逻辑,而且展示出村务监督委员会运作产生的实际效应。

二、后陈村村务监督委员会运作的绩效

透视上述后陈村村域中发生的几个小事件，可以看到村务监督委员会在以下方面产生着实际绩效。

第一，村务监督委员会赋予了村民参与村务管理的组织载体。村民参与村务管理的实质就是村民行使对村务运作执行权、决策权、监督权的过程。在后陈村，过去虽然也设置了村民财务监督小组对村务进行监督，但是该组织往往无法独立行使监督权，形同虚设。一方面，从组织关系上看，村民财务监督小组受权于村两委，按照"谁授权向谁负责"的原则，该小组要在村两委的领导下开展工作；另一方面，从人员组成上看，村民财务监督小组的组长由村党支部成员担任，与党支部书记实为领导与被领导关系。这种领导与被领导关系下的组织架构很明显难以达到权力的相互监督，村务监督自然流于形式。村务监督委员会的设立，尤其是村务监督委员会在村民自治体系中的角色与定位的明确，为基层群众参与村务管理提供了良好的组织载体。从上面几个小事件可以明显看出，后陈村村务监督委员会本身或接受村民的建议向村两委就村务管理提出建议和意见，改善了村务管理效果，得到了村民认同。所以，村务监督委员会其实就成为广大村民参与村务管理尤其是财务管理的重要组织载体。

第二，村务监督委员会实现了对村务的全过程监督。村务监督一般包括事前监督、事中监督与事后监督三个关键环节。以往的村务公开与村务监督往往不规范，常以结果公开取代整个村务公开，而忽视了村务管理的事前、事中公开，导致村民对村务管理过程的质疑，群众满意度不高。同时，后村陈对诸如土地征用款的使用与分配、重大建设工程项目的招投标等涉及村民重要利益的事项也缺乏明确的规范，程序上也缺乏可操作性。

这也就导致了村民财务监督小组的监督职能只能停留在事后的监督上,如对各种费用产生的票据的审核和对有关财务账目的核对等。但是,由于无法进行全过程参与和监督,事后的监督往往缺乏依据,导致对票据、财务项目的审核又无从谈起,由此形成一个恶性循环。后陈村村务监督委员会成立后,改变了以前单纯的事后监督,变事后监督为全过程监督,实现了对村务监督的全覆盖。从上述村庄事件中可以看出,后陈村村务监督委员会成员全过程参与整个村务的运作过程,真正做到了事前超前监督、事中跟踪监督和事后检查监督,确保村务管理从始至终处于公开状态,接受广大村民的全过程监督。

第三,村务监督委员会促进了村集体资产的增收节支。村务监督委员会制度可以规范村级财务的开支,将"低成本—高收益"理念贯穿于整个村级财务的管理过程,有效促进了村集体资产的增收节支,为村集体和村民带来了很多看得见摸得着的实惠。例如,根据卢福营等人的统计,后陈村通过公开招标,水塘承包款由 3 年 38250 元增至 87510 元;村卫生管理费由原来的每年 6000 元降至 3900 元;村里的招待费从原来的 1531028 元降到了 8598.8 元;村务监督委员会运行不到 1 年,就已经为村集体增收节支 90 多万元。[①]

第四,形成了干群之间良好的沟通机制。村务监督委员会对村级事务全过程参与和全过程监督,其实就在村民和村干部之间建立了一种良好的沟通机制,村务监督委员会成为联结村民和村干部的有效桥梁。例如,在后陈村水泥购置亏损事件中,正是村务监督委员会成员的全程参与,才使得村干部能够在事件"危机"中保持威信。正如当时参与水泥购置的一个村干部所

---

① 卢福营、孙琼欢:《村务监督的制度创新及其绩效——浙江省武义县后陈村村务监督委员会制度调查》,《社会科学》2006 年第 2 期,第105 页。

言："幸好有村务监督委员会的成员一起参与,全程参与水泥的购买过程,出现问题他们能够做证,能够帮助我们向村民进行解释,得到村民的谅解。如果在以前,有些村民一定会说我们村干部从中吃回扣,贪污了差价。"后陈村村支书也感慨道："如果没有村务监督委员会,如果没有他们的全程参与,我们村干部恐怕是百口难辩,跳进黄河也洗不清了。我们应该感谢村务监督委员会的全程参与。"村主任也反复表示："以前村干部怕干事,村民总怀疑你从中得了多少好处。有了村务监督委员会,村里一切事都在监督下进行,我们干事安心,村民监督放心。一些过去上访告状的村民如今还主动提出要为村干部加工资,心里感到很温暖。"因此,可以说,后陈村村务监督委员会及其监督行为,在一定程度上规范了村级事务的管理,重构了干群之间的信任关系,增强了村干部的合法性权威,推动着广大村民和村干部之间关系的良性发展。

第五,村务监督委员会促进了村庄秩序的重建。村务监督委员会一方面支持村两委的正常工作,积极向村民宣传村级事务监管情况,及时解答村民对村级事务管理的疑问,有效消除了村民对村干部工作的误解;另一方面又及时向村两委反映村民对村级事务管理的意见和建议,在村民和村干部之间建起一道良性互动的桥梁,促进了村级财务在管理者和监督者互动中良性运作,这也带来了村庄秩序的重建。例如,自村务监督委员会成立以来,后陈村由财务管理混乱引发的村民上访事件基本消失,在后陈村所进行的 30 余项公共建设项目的招投标中,也没有发生一起村民上访事件。可以说,村务监督委员会制度已经成为后陈村内部协调干群关系与村民关系,化解村庄社会矛盾的自行运作机制。同时,村务监督委员会作为常设机构对村务管理进行全程参与和全程监督,当发现差错时可以及时启动纠错机制,一定程度上规范了村干部行为,也一定程度上保护了村干部,消除了影响村庄和谐稳定的隐患。

　　第六,村务监督委员会塑造了良好的政治生态环境。首先,乡村干部的治理理念发生转变。村务监督委员会的设立要求治理主体向民众回归,权力设置遵循制衡,这也就要求基层乡村干部治理理念从原来的"官本位"向现在的"民本位"转变,推动着村级治理向着民主化方向发展。其次,实现了"权利对权力的制衡"。村务监督委员会彰显了广大村民对村务管理的知情权、参与权和监督权,是村民民主政治权利的体现。广大村民通过村务监督委员会可以实现自身的政治社会化,培养民主的习惯,提升民主的技巧,通过广泛参与和全程监督,让小微权力在阳光下运行,实现权利监督权力,从而为村级治理提供有利环境。最后,有利于塑造参与型政治文化。在村务监督过程中,村民对知情权、决策权、参与权和监督权的重视,会逐步催生平等、公正和合作意识,这将有利于村社参与型政治文化的塑造。而这种参与型政治文化一旦萌发,它就会按照自身的逻辑进行演进,并为村民自治的发展提供必要的文化与心理支撑,推动村民自治健康发展。

　　总之,后陈村村务监督委员会制度作为一项应对农村基层治理权力失控所做出的"需求—回应"型创新,一定程度上弥补了过去村民自治组织构架中缺乏有效监督的制度性缺陷,保障了村庄权力的有效、有序运行。也正基于此,后陈村的村务监督委员会制度及其运作模式又被冠名为"后陈经验"。

第四节　后陈村村务监督委员会
制度的经验启示

武义县后陈村村务监督委员会制度的建设，为村级党组织、村民自治组织和广大村民三者之间良性互动提供了沟通平台，提供了乡村社会自我发现问题、内部化解矛盾的纠错机制，提升了村民自我管理、自我监督的能力，为探索新时代农村基层治理体系和治理能力现代化建设提供了重要启示。

一、注重监督协同化，推动多元主体良性互动

《乡村振兴战略规划（2018—2022 年）》明确指出，要建立健全党委领导、政府负责、社会协同、公众参与、法治保障的现代乡村社会治理体制，推动乡村组织振兴，打造充满活力、和谐有序的善治乡村。这种现代乡村社会治理体系规定，既明确了多元治理主体之间的责任分工，又必然要求多元治理主体之间彼此协同，良性互动。在村务监督委员会出现之前，村庄很多事务治理往往因内部力量难以解决而不得不求助基层政府。而基层政府在介入乡村治理中，又往往与村干部有着千丝万缕的联系，有时解决问题的过程和结果难以符合村民的诉求，造成村民对村干部的不满转变为对基层政府的不满，这在一定程度上损害了基层政府的权威。后陈村务监督委员会成立后，委员由村民选举产生，其群众基础是广大普通村民，是村民利益的代表者，可以推动基层政府、村干部和村民三者之间的良性互动。

一方面,武义县村务监督委员会制度注重党的领导,有力夯实党的执政基础。后陈村村务监督委员会可以通过向村民解释具体的村务、财务运行情况,消除村民对村干部行使权力产生的怀疑,让村干部从以前会从村级项目中拿好处的误解中走出来,让村干部不怕干事、愿意做事。同时,村务监督委员会也可以收集村民对村庄事务的意见和建议,尤其是村级财务运行过程中的建议,及时向村两委反馈,让村两委的决策、管理更加符合民意,使村民对村组织的信任度得到进一步提高,让村党组织领导、组织和动员村民团结干事能力得到加强。另一方面,后陈村村务监督委员会制度的设立,有效扩展了民意表达的渠道。村务监督委员会的核心任务就是监督村务和维护农民利益,这个组织能够让广大村民零距离接触村庄公共事务及其矛盾冲突,并可以在村务监督过程中及时发现问题并提出建设性意见,方便农民表达利益诉求。当村务监督委员会成员通过上门走访等方式广泛听取村民意见时,每个村民其实都有表达其自身利益诉求和意志的机会和话语权。所以说,村务监督委员会其实就是村民表达利益诉求的一个重要组织渠道,能够完善和创新村民意见表达机制。

二、注重监督法治化,推动村务监督规范运行

在村务监督委员会制度建设过程中,后陈村十分重视优化村务监督委员会制度体系。"后陈经验"创设之初,后陈村就制定了《村务管理制度》和《村务监督制度》两项制度,分别就村民关注的村务管理和村级民主监督做出明确规定与制度安排。2005 年,村务监督委员会制度覆盖武义县所有行政村,4 年后覆盖浙江省的 3 万多个行政村。2010 年浙江省出台《浙江省村务监督委员会工作规程(试行)》,又对村务监督委员会的组织设置、任职条件、工作职责、权利义务和监督程序与内容做了具体

规定。同年，村务监督委员会制度又被写入《村组法》。2017年，国家又出台《关于建立健全村务监督委员会的指导意见》，尝试通过建立健全村务监督委员会从源头上遏制村级小微权力腐败，促进农村社会和谐稳定。另外，为了促进村务监督委员会制度更好运作，武义县还先后出台《武义县村务监督委员会履职细则》《村务监督委员会定期述职制度》《村务公开工作八个规范》等，以此推进村务监督工作程序化、规则化、法治化。

制度的有效运行离不开科学合理的机制。在实践中，武义县在推动村务监督委员会制度中着力提升村务监督效力，并不断创新村务监督机制。例如，武义县通过提出村务监督"十法"，增进村务的透明性与公开性；通过探索"双述职双反馈"机制，发挥村庄党员的沟通桥梁作用，推动村务公开从结果公开走向过程公开，促使村务公开更加真实与深入。同时，村务监督委员会可以对村务进行全过程监督，可以有效规范村两委对重大村务的决策与管理，进而减少决策失误和决策腐败。从实效来看，武义县在推行与完善村务监督委员会制度后，村级招待费支出管理、村庄党员干部外出学习考察等制度得到有效监督和执行，村庄公款吃喝、村级工程招投标和"三资"管理中存在的问题得到有效纠正，群众利益得到有效维护。例如，武义县涉及农村集体"三资"矛盾纠纷从 2005 年的 297 件减少到 2017 年的 13 件，减少了 95.6％。基层群众也从以前的害怕村干部"乱干事""不干事"走向害怕村干部"不做事"，这也为村干部公平公正做事提供了良好的政治环境。

三、注重监督整体化，推动村务全过程监督

整体性治理是现代公共管理的重要理念之一，它要求以公共需求为导向，以协调、整合和责任为治理机制，对碎片化问题进行协调与整合，推动治理从碎片走向整合，从局部走向整体。

"后陈经验"以村务监督委员会建设为切入点,不断扩大监督内容,不断规范监督程序,推动财务监督向村务监督延伸,推动事后监督向全程监督延伸,从无效监督向有序监督转变,及时准确回应村民诉求。

首先,在监督内容上,注重从财务监督向村务监督延伸。后陈村在推进村务监督委员会制度建设过程中,在把财务监督作为村务监督重要内容的同时,还不断将村务监督向村务决策、村务管理、村务运行、工程建设、惠农政策落实等多领域延伸,逐步实现村务监督全覆盖。例如,村委监督委员会积极督促村两委严格按照"五议两公开"程序,在充分听取广大村民意见和建议的基础上进行民主决策,推动村务决策更加科学。村务监督委员会严格按照程序定期审查村级财务支出事项,全过程监督村集体投资经营情况和资产处置情况,扩大村民知晓面与监督面,推进"三资"管理更加透明科学。

其次,在监督程序上,注重从事后监督向全程监督延伸。事后监督虽然是监督中的重要一环,但是由于处于监督环节的末端,往往存在"马后炮"问题。在武义县过去的村务监督工作中,也存在一些不会监督、不敢监督等监督功能弱化问题;部分村务监督只停留于事后监督,缺少事前、事中等过程性监督;有的虽然监督了但没有留下监督的痕迹,导致监督作用并不明显,与群众之间信息不对称而引发上访问题;等等。因此,如何强化"村权"监督,将事后查处与事前预防、事中监督相结合,成为村务监督的关键。"后陈经验"通过建立村务监督委员会来实现民主决策、民主管理、民主监督的做法,符合法律和政策的导向,实现了村务监督由事后监督向事前、事中、事后全程监督延伸,使各种矛盾有了内部化解的机制。习近平总书记持续关注"后陈经验"的深化完善,并多次做出重要批示指示。

最后,在监督效果上,注重从无效监督向有序监督转变。村务监督委员会成员既是村级事务的监督员,又是村情民意的信息员、政策法规的宣传员、矛盾纠纷的调解员、工作落实的推动员，通过走村入户，联系村民，可以及时反映村情民意、化解干群矛盾、解决生活纠纷，有效改变了以往村务透明度低、管理缺少民主、监督机制不足等问题，切实保障了广大村民的知情权、参与权、决策权和监督权，推动着乡村和谐稳定发展。例如，后陈村自村务监督委员会制度建立以来，连续 10 多年实现村干部"零违纪"、村民"零上访"、不合规支出"零入账"。

四、注重监督智慧化，创新村务监督方式方法

现代社会是信息社会，现代信息技术的迅猛发展势不可当。借助信息化、网络化手段革新乡村社会治理，实现乡村治理的智慧化，已经成为一种普遍趋势。现代信息技术在乡村社会的广泛应用，可以提高乡村治理的透明性、公开性与公平性，可以让广大民众更好地监督村级公共权力的运行，确保村级公共权力为民所用，为民所谋。武义县在推广和发展"后陈经验"过程中，不断适应现代信息技术的发展趋势，积极将现代信息技术与村务监督有机融合，进一步创新村务监督的方式方法，让村务监督更加便捷高效。

首先，现代信息技术推动村务监督手段便捷化。传统的村务公开往往采取公示栏、公告栏等方式进行，不仅内容有限，而且效率低下，很多村民根本不去观看，公示栏或公告栏成为形式栏。近些年来，随着数字乡村战略的不断实施与推进，现代信息技术逐渐运用于乡村社会，逐渐改变了传统的村务公开与村务监督模式。在武义县，一些有条件的村庄开始借助电视、互联网技术，将村庄的"三务"运行情况与远程教育点联通，把每月产生的原始票据、收支明细、报销清单等村级财务凭证录入系统，并上网公示，村民可以随时随地了解村务信息和村治情况，通过监督手段的信息化，大大提高了村务监督的透明化，实现了村务监

督全过程。

其次,村务监督手段信息化带动村务监督手段多元化。各地在探索互联网＋村务监督的过程中,主要形成以下几种监督方式:一是将村务监督与远程教育点和数字电视进行联通,推进村民实时监督,提高村务监督透明度。二是积极利用微信群、QQ 群方式,在群众中将需要公开的事项及时公开,征求群众意见,接受群众监督,让广大村民不出户就能及时了解村务运行情况,有效解决了村民监督率低、流动人口无法监督等实质性问题。三是构建村务监督平台,集监督举报、案例曝光、信息查询等功能于一体,实现群众全方位监督。另外,武义县还推行"后陈经验"智慧监督模式,以"最多跑一次"为指导,建立集县级联动中心、乡镇基层治理综合信息平台、村级全科网格、党员群众手机 App 于一体的智能化平台,实现线上监督和线下监督深度融合,实现"让数据多跑腿,让监督少跑路",打造"大数据＋基层社会治理"的"后陈经验"品牌。

通过上述信息技术的运用,武义县有效解决了村务公开工作的渠道便捷性问题,改变了传统村务监督在时间和空间上的限制,真正做到信息及时公开。同时,还将信息公示到人、公示到户,数据收集到村、收集到镇。村务监督的信息化与实时化也为各级政府和纪委监督机构提供了关于高效办公和公共服务的新思路,具有重要的示范意义。

五、注重监督精细化,推动村务监督精准高效

从一定意义上说,精准化是实现监督有效的重要方式。村务监督委员会监督精准化,就是要借助多种机制与手段实现村务监督委员会监督的精致化、准确化。"后村经验"始终树立以人民为中心的发展理念,强化制度供给,确保村务监督高效。

伴随着农村经济社会的变化、村民自治的发展,村务监督委

员会制度也相应地进行着适应性调整与完善。武义县作为村务监督委员会制度的创新者和诞生地，有关部门始终把推进村务监督委员会制度放在突出地位，专门成立深化"后陈经验"领导小组，具体负责村务监督委员会制度建设和实践推进工作。依据农村经济社会发展，武义县与时俱进地推动村务监督委员会制度再创新，特别是在村务监督委员会制度建设上下足功夫，促进了村务监督委员会的村务监督日益规范化、精细化。2018 年 7 月 2 日，武义县出台《关于推进村务监督委员会规范化建设的实施意见》，率先在全国推开规范化建设，制定出台了"村务监督 20 条"，对村务监督委员会工作职责、监督人选、工作方式、管理考核等进行了全环节规范；建立小额支出事后评估等工作十法、信访调处第一责任等 5 项机制，划定村务决策"签字背书"等 6 项监督重点，以村民看得懂、干部做得到、实践好操作的形式，使村务监督更加精准高效。2019 年 7 月，以武义实践经验为基础并由武义县政府牵头制定的全国首个村务监督省级地方标准——《村务监督工作规范》（DB33/T 2210—2019）正式发布。此次发布的标准对村务监督工作的适用范围、组织建设、监督实施、效能评价等进行了规范，对村务监督委员会的人员构成与基本要求、人员的产生与退出、场所与制度建设等进行了明确的界定，对监督内容、工作方式、履职保障等进行了明确的说明，对村务决策监督的流程与要求、村务公开监督的流程与要求、村级集体资金资源资产的管理监督、村工程建设项目监督等方面进行了详细的阐述，标志着村务监督委员会监督进入了有标准指导的新阶段。另外，武义县还加大《村务监督工作规范》宣贯力度，全面推进乡村治理标准体系建设，目标是创建省级乡村善治示范村 100 个，2020 年底实现村务公开规范率、村务监督委员会规范化达标率 2 个 100%，实现农村党员干部行使公权力"零违纪"、村务事项"零上访"、工程建设"零投诉"、不合规支出"零入账"。

从实施效果上看，武义县不断推进村级事务精细化管理全覆盖,构建形成民主自治、权责明确、公开透明、规范高效、监督有力的一整套村级事务精细化管理运行机制,可以明晰村级组织和村干部权力事项,完善村级权力运行机制;可以提高村干部法纪意识、综合素质,增强村级组织和村干部凝聚力、战斗力;可以有效推进农村基层民主政治建设,落实群众的知情权、参与权、决策权和监督权;可以切实改善党群干群关系,有效解决群众反映强烈的突出问题,进而提升群众获得感和满意度。

第四章

后陈村村务
监督制度的扩散

自 2004 年浙江省武义县后陈村创立全国首个村务监督委员会以来,村务监督委员会制度作为一项重要的地方探索与创新,在 10 多年的实践中不仅在当地得到了不断完善与持久延续,而且逐渐向外部扩展。2010 年,十一届全国人大常委会第十七次会议将村务监督委员会这一地方经验写入新修的《村组法》中,标志着村务监督委员会制度从地方探索走向全国推广,从而成为一项全国性的基层社会治理制度。

第一节 村务监督制度的扩散过程

创新是以新思维、新发明和新描述为特征的一种概念化过程。在社会学意义上,创新是指人们为了发展的需要,运用已知的信息,不断突破常规,发现或产生某种新颖、独特的有社会价值或个人价值的新事物、新思想的活动。所以,创新的本质是突破,即突破旧的思维定式、旧的常规戒律。创新活动的核心是"新",它或者是产品的结构、性能和外部特征的变革,或者是造型设计、内容的表现形式和手段的创造,或者是内容的丰富和完善。近些年来,随着国家向地方不断分权,地方积极性与创造性不断激活,形成了极具特色的创新繁荣景象。正如赵景来所指出的那样,"近年来,在社会实践以及理论研究的每一个领域中,都可以看到人们对创新这个词语的热衷"[1]。不过,在肯定创新所带来的重大社会效益的同时,也不能否认纷杂的创新实践所产生的各种问题。尤其是一些创新更多表现为一种"孤岛"现象、"烟花"现象,是一种为创新而创新的自娱自乐式的行为,导致创新本身缺乏生命力。因此如何促使一项制度具有可延续性与可扩展性无疑具有重要价值。

一、制度创新的扩散理论

创新扩散是一种创新通过某种渠道随着时间推移在社会系统成员中传播的过程,与其他传播过程的不同之处在于传播的

---

① 赵景来:《政府转型与政府创新研究述略》,《国家行政学院学报》2011 年第 1 期,第 72 页。

对象对于采用创新的个人或单位而言具有新奇性和不确定性，其扩散过程一般具有创新、传播渠道、时间和社会系统四个基本要素。① 在已有的学术研究中，与制度扩散相近的概念包括制度转移、制度趋同、制度学习等。其中，制度转移是指把一个政治系统（过去的或现在的）中有关的制度安排运用到另一个政治系统之中的过程。而制度趋同则是指不同的制度不断变得相似，主要包括制度目标、制度内容、制度工具、制度结果和制度网络等方面的趋同。所以，从概念的内涵与外延角度看，制度转移的标准要比制度扩散苛刻许多，而制度扩散则包含了部分制度转移，但与制度趋同只有部分含义上的交叠。因为制度扩散的结果不一定是制度趋同，制度趋同的直接原因不一定是受到来自其他制度主体选择的影响。与制度扩散容易混淆的另一个概念是制度学习。制度学习是指制度制定者使用其他政府的经验来评估某些政策的可能效果，并据此对这项制度做出采纳或不采纳的决定。② 所以，制度学习其实就是制度扩散机制中的一种。除此之外，制度扩散还有竞争、模仿、强制等情况。③ 通过辨析上述概念可以发现，制度创新扩散其实就是一方制度选择影响到其他方制度选择的相互作用过程。在一些情况下，制度创新与制度扩散又可以视为对同一个制度过程站在不同立场上的两种表述。对于制度的早期使用者来说，自己的制度在另一个地区得到应用，就可以理解为该制度创新得到了扩散。而对于制度的后期使用者来说，将别的地方已存在的制度首次引进

---

① RVERETT M. RDGERS. Diffusion of Innovations(4th ed.). New York：Free Press，1995：84.

② MESEGUER，C. Policy Learning，Policy Diffusionand the Making of a New Order. The ANNALS of the American Academy of Political and Social Science，2005(1).

③ CHARLES R. SHIPAN，CRAIG VOLDEN. The Mechanisms of Policy Diffusion. American Journal of Political Science，2008(4).

并应用于本地区,这个过程就是一次制度创新。因此,在上述情况下,制度扩散本身也是制度创新过程,制度创新和制度扩散其实是站在不同角度对同一个制度过程的观察。①

　　制度创新与制度扩散紧密相关。判断一项制度创新是否具有生命力,一个重要标准就在于制度创新本身是否可以扩散。如果一项制度创新不可扩散,其社会价值就会受到严重限制,甚至还可能造成社会资源的严重浪费。如李景鹏曾明确指出:"一项创新活动如果不能巩固,就如昙花一现,虽然很绚丽,但很短暂。在实践中我们经常会看到,一项很有意义的创新往往经历一段时间之后,便会销声匿迹或者走回头路。这样的创新对社会对人民都没有太大的意义。另外,如果一项创新活动虽然能够长期坚持下去但却不能推广,仅仅局限于个别的地方,那么这种创新就像一个个盆景一样,虽小巧玲珑却不能形成气候。这样的创新其社会意义也不大。"②从概念的操作化角度看,制度扩散主要注重制度创新的主要原则、核心内容和精神实质在时间上的可持续性和空间上的可复制性。

　　首先,制度创新的可持续性。一项制度创新若要具有可扩散性,其前提是创设的制度的主要原则、核心内容和精神实质能够在时间维度上长期延续,并能持续发挥效用。在现实生活中,我们可以看到,有些创设的制度可以长达数年甚至十多年地持续运作与不断完善,而有些创设的制度则因各种阻力的困扰而无法有效推行,不久便会夭折。很明显,前者比后者更加具有可扩散性。其次,制度创新的可复制性。可复制性是指创设的制

---

①　朱旭峰、张友浪:《地方政府创新经验推广的难点何在——公共政策创新扩散理论的研究评述》,《人民论坛·学术前沿》2014 年第 17 期,第65 页。

②　李景鹏:《地方政府创新与政府体制改革》,《北京行政学院学报》2007 年第 3 期,第 2 页。

度的主要原则、核心内容和精神实质在空间上能够被其他地方或兄弟部门广泛地复制，即制度本身具有广泛的可扩展性。制度创新的可复制性又可具体划分为创新推广和创新学习。其中，创新推广注重创新者或相关部门借助行政等手段主动向外推广创新经验而形成的创新复制；创新学习则注重其他地方或部门主动通过各种途径向创新者学习创新经验而形成的创新复制。即对于其他主体而言，在制度推广中往往处于被动地位，而在制度学习中则往往处于主动地位。①

二、村务监督委员会制度的扩散

发源于浙江省武义县后陈村的村务监督委员会制度经过10多年的实践与发展，已经从"治村之计"演变为"治国之策"，这充分说明这一制度创新具有很强的生命力和扩散性，自身不仅在时间上可以持续，而且在空间上可以复制。村务监督委员会制度的扩散过程，大体可以划分为村务监督委员会制度的初步形成、经验扩散、优化拓展三个阶段。

（一）村务监督委员会制度的初步形成阶段（2003—2004年）

这一阶段主要发生在武义县后陈村场域内。虽然前面已经详细叙述了后陈村村务监督委员会制度的产生过程，但为了更好叙述村务监督委员会制度的扩散过程，这里还是需要对后陈村村务监督委员会制度的产生过程进行再述，但这种再述不是对前面叙事的重复，而是概括与总结。

村民自治制度作为一项中国特色社会主义政治制度，虽已经深深扎根于广袤的乡村社会，但在其发展过程中仍然存在"重

---

① 卢福营：《可延扩性：基层社会治理创新的生命力——写在后陈村村务监督委员会诞生十周年之际》，《社会科学》2014年第5期，第67—68页。

民主选举,轻民主管理"的问题,民主选举、民主决策、民主管理和民主监督"四驾马车"发展明显不平衡。特别是后三个民主发展的滞后,导致村干部言行得不到有效监管,干部违法乱纪案件频发,引起群众的强烈不满。这也是当时后陈村所面临的现实困境。据村民回忆,当时村务管理失序,特别是财务管理混乱,使用不公开,村民曾连续进行 4 次集体上访,上访人次多达 400余。2002 年村庄进行村干部换届选举,原村书记在村民的不满声中落选。但简单的干部人事变更并没能从根本上改变乡村治理现状,相反,新任班子成员依然我行我素,尤其是新任村支书更是因为擅自挪用村集体资金买保险收回扣而被"双规",后被免职并开除党籍。可以说,在后陈村,如何监督村务尤其是财务,推动村务管理公开、有序成为关键。

其实,早在 2003 年后陈村就成立了村民财务监督小组,尝试加强村务监督。但可惜的是,该监督小组由村两委授权实施监督,其本身就缺乏独立性与自主性,使监督流于形式,村务管理混乱问题也不能从根本上得到改善。为了真正解决上述问题,2004年 2 月武义县纪委在对后陈村村务管理进行专题调研与广泛听取民众意见的基础上,结合当时既有法律法规,草拟了《村务管理制度》和《村务监督制度》,尝试对村务民主决策、民主管理和民主监督进行明确规定,并创造性地设置了村务监督委员会,专门对村务进行民主监督。2006 年 6 月 18 日,后陈村召开村民代表会议,审议通过了《村务管理制度》《村务监督制度》以及村务监督委员会的决议,并选举产生了首届村务监督委员会。至此,后陈村村务监督委员会作为村民自治框架中的一个重要组成部分,开始有效运作起来,并在农村基层社会治理中发挥着不可替代的作用。

(二)村务监督委员会制度的经验扩散阶段(2005—2009 年)

后陈村的村务监督委员会制度的核心要义主要体现在"一个机构、两项制度"之中,即村务监督委员会和《村务管理制度》

《村务监督制度》。"一个机构，两项制度"的核心精神又在于分权制衡、制度规制和过程监督，分别表现为：建立村务监督委员会制约村两委；以《村务管理制度》与《村务监督制度》约束村庄小微权力；村务监督委员会成员全过程参与村务决策管理，实施事前、事中和事后全程监督。这也构成了后陈村村务监督委员会制度对外扩散的基本经验。

2004 年 7 月 20 日，金华市委机关刊物《金华信息》专刊刊发《武义县开展完善村务公开民主管理工作试点》的文章。同年 8 月 4 日，中共武义县委县政府联合出台《关于健全和完善村务公开民主管理制度的意见》，要求在全县范围内分类分步推行村务公开民主管理工作，实施村务监督委员会制度。后陈村的村务监督委员制度创新迅速引起了政府和社会各界的强烈反响，特别是上级政府和媒体、学者给予了极大关注。2005 年 6 月 17 日，时任中共浙江省委书记、省人大常委会主任习近平同志到后陈村调研并主持召开座谈会。他指出："党支部是领导核心，村委会是村务决策的执行管理机构，监委会是监督机构，村民代表会议是村里的决策机构，这是一个组织体系。"村务监督委员会"这项工作是积极的、有意义的，符合基层民主管理的大方向，符合当前村务改革的要求。我们这项工作是在解决实际问题中酝酿产生的，是经过群众检验和认可的，在实践中是有成效的。下一步要不断摸索探讨"。习近平总书记的讲话既明确了村务监督委员会的定位，指明了发展方向，也为争议中的村务监督制度改革定了调。随后，民政部相关领导到后陈村和武义县进行调研考察，《南方周末》、中央电视台、新华社、《人民日报》、新华网等数十家媒体报道了后陈村的村务监督委员会制度创新，一些高校和研究机构的学者也陆续到武义开展深入调查研究，这些都有力地推动了后陈村村务监督委员会制度经验的扩散，"后陈经验"一时成为闻名遐迩的创新典型。2005 年 5 月 18 日，金华市开始在全市范围内全面推广"后陈经验"。浙江省其他地方也迅速跟进,积极探索适合本地实际的村务监督办法。例如,浙江省台州市天台县于 2006 年建立"村级廉情监督站"、椒江区推行"村级阳光理财监督室"制度等。武义、天台等地的探索创新以及良好的监督效果,得到了浙江省委省政府高度重视。2008 年浙江省委省政府专门下发了《关于完善村级民主监督组织,加强村级民主监督试点工作的意见》,要求浙江省内各地学习与创新村务民主监督制度。截至 2009 年 11 月,浙江省 3 万多个村全部建立了村务监督委员会,覆盖面达到 100%。① 后陈村与武义县也因"后陈经验"的扩散及其带来的积极社会影响,先后荣获"全国民主法治示范村""全国村务公开民主管理示范县"等殊荣。

(三)村务监督委员会制度的优化拓展阶段(2010 年至今)

经过一段时间的运行,武义县开始针对村务监督委员会制度运行中出现的困境进行改进,村务监督委员会制度得到进一步的优化与完善。2010 年,武义县在全县开展"四定二评一创"工作法。"四定"是指:一定决策规则,即规定有关村集体经济和社会发展规划、新农村建设、村集体资产资源的经营、管理、处置情况、宅基地审批使用、村级重大工程项目招投标等涉及村民切身利益和对村庄发展有影响的重大事项都必须严格按照"四定二评一创"工作法来决策;二定管理规程,即对涉及村务管理、村级组织建设中的党员发展、计划生育、工程投标、拆迁改造、土地征用补偿等重要工作事项,都要按照流程化管理要求进行优化完善,并绘制工作流程图,以"村务监督管理阳光手册"形式分发到户,接受村民监督;三定监督程序,即规定村务监督委员会代表村民行使监督职权,直接对村民会议和村民代表会议负责,既

---

① 卢福营:《可延扩性:基层社会治理创新的生命力——写在后陈村村务监督委员会诞生十周年之际》,《社会科学》2014 年第 5 期,第 70 页。

接受党组织的领导，又接受乡镇（街道）村务公开民主管理领导小组的工作指导；四定公开内容，即编制全县村务公开目录，采取定类、定项、定时、定责的办法，将创业承诺、村庄建设规划等20余项工作明确为公开内容，统一印制公开表册、制作公开栏和公示板，并将村民小组（自然村）财务、政务纳入村务公开民主管理的范畴。"二评"：一是乡镇（街道）党委量化评价对村干部工作绩效的满意度；二是村民测评对村两委领导班子及成员的信任度。二评结果相结合，考核结果与村主职干部年度工作报酬、补助等挂钩。"一创"是指创群众满意的村务监督委员会，要求村务监督委员会及其成员须满足以下五大条件：一是对村务监督委员会班子民主测评的满意度达到80%以上；二是村务监督委员会成员素质高、坚持原则、公道正派；三是村务监督委员会配合村两委工作，正确履职，监督到位；四是村务监督委员会成员长期在本村生活居住；五是村务监督委员会成员中从事财务监督的成员应具备财会等基本知识。通过开展"四定二评一创"工作法，武义县村级民主监督相关制度得到进一步健全与完善，着实提升了村务监督的水平和效果。①

2012年，武义县在村务监督委员会制度基础上，又进一步推行组务监督员制度，在村民小组中设置组务监督员，将民主监督延伸到村民小组。2012年6月，武义县纪委出台了《村务监督委员会主任考核办法（试行）》。同年7月，武义县委县政府又制定了《村务监督委员会履职细则（试行）》，对村务监督委员会的监督内容、监督程序、监督行为等方面做了进一步细化，促使村务监督更具针对性和可操作性。2013年5月，《村务监督委员会履职细则》正式出台。

除了武义县在村务监督委员会制度创新扩散中不断优化与

---

① 徐新起：《"四定二评一创"完善"村监会"》，《乡镇论坛》2011年第7期，第6—8页。

完善，在学习"后陈经验"的过程中，浙江省其他地方也做了一系列再创新与再完善。例如，浙江省嘉善县优家村制定了《村务公约》。这部被当地村民戏称为"农村基层民主宪章"的《村务公约》，与一般自上而下的村级管理制度不同，它是在广泛听取广大党员、群众意见建议的基础上，分别经过党员会议、村民代表会议表决通过后付诸实施的。《村务公约》规定了村级重大决策的程序包括议题提出、联席会议讨论、党员大会讨论、村民代表会议表决及公布等5个环节，并对村干部实行责任追究制，凡违反村务决策程序、村务不公开或公开不及时、弄虚作假、欺上瞒下、造成重大经济损失和严重后果的，村民代表有权提出要求限期改正，直至依法进行罢免。建德市制定出台了《关于加强村级民主监督工作的实施意见》《村务监督委员会工作细则》《村务监督委员会考核办法》，对村务监督委员会的职能定位、运行机制、考核办法、保障措施等方面进行全方位的规范和统一。金华市罗店镇西吴村监委会成立以来，先后建立了监督立项、集体决策、工作通报等一系列工作制度，同时还完善了村务公开、经济责任审计、民主理财、农村党员干部廉洁自律行为规范等民主监督制度，村监委会的运作逐步走上了规范化道路。2010年8月，浙江省委办公厅、省政府办公厅联合印发了《浙江省村务监督委员会工作规程（试行）》，详细规定了村务监督委员会的性质、组织设置、成员的任职条件和终止条件、回避制度、工作职责和权利义务，明确了村务监督委员会的主要监督内容，制定了村务监督委员会的监督办法、监督程序、保障措施等，有力推动了村务监督委员会制度建设再上新台阶。

　　2010年10月28日，全国人大常委会表决通过了修订后的《村组法》，其中明确规定"村应当建立村务监督委员会或者其他形式的村务监督机构"。这说明，"后陈经验"不仅得到了中央领导的高度重视和国家法律的充分肯定，而且上升为一项全国性的农村基层社会治理制度并在全国范围内进行推广。2011年2

月 1 日，习近平总书记做出批示："建立村务监督委员会，规范村干部用钱用权行为，是密切农村干群关系、维护农村社会和谐稳定的积极举措，也是加强农村基层党风廉政建设和基层民主政治建设的一个有益探索。浙江在这方面的经验和做法可供借鉴。"2014 年 11 月 26 日，习近平总书记在《国内动态清样》第 4920 期《有了村监委，村民少上访——浙江省武义县后陈村创设村务监督委员会十年回访（上、下）》上又做了专门批示："建立村务监督委员会是健全基层民主管理机制的探索性实践，对从源头上遏制农民群众身边的不正之风和腐败问题、促进农村和谐稳定有重要作用。要不断总结经验，完善制度设计，进一步规范监督内容、权限和程序，确保监督有章可循、务实管用，防止村监委流于形式、成为摆设，不断提升基层治理能力和治理水平。"2017 年 8 月 29 日，中央全面深化改革领导小组第三十八次会议专门研究深化完善村务监督工作。同年 11 月，中办下发了《关于建立健全村务监督委员会的指导意见》，对村务监督委员会人员组成、职责权限、监督内容、工作方式、管理考核、组织领导等进行了明确规定，推动了村务监督制度走向制度化、规范化。在地方实践上，各地在推行村务监督委员会制度的过程中结合本地实际积极探索村务监督的具体方式和途径，使监督更加到位、更加可行，制度更加优化、更加完善。比如，浙江省诸暨市细化村务监督方式，打造村务质询机制；浙江省宁波市镇海区对村务监督进行分工，强化监督岗位建设；浙江嘉善县全面推进"1＋X"网格化村务监督工作；浙江省庆元县建立村务质询监督责任追究制度；浙江省天台县实行村务监督员"碰头会"制度。山东、江苏、四川、河南等地也有部分县市施行了农村监督委员会制度的做法，并取得了良好效果。①

---

① 《后陈村再调研：村务监督委员会经验尚待推广》，《领导决策信息》2007 年第 12 期，第 22 页。

综上分析可以发现,对于发源于浙江省武义县后陈村的村务监督委员会制度,在坚持主要原则、核心内容和精神实质不变的情况下,在国家和各级政府推动下,各地根据自身农村经济社会发展实际,不断创新、完善和推广村务监督委员会制度,促使村务监督委员会制度从"治村之计"最终上升为"治国之策",成为一项逐渐扩散和不断创新的农村基层社会治理制度,彰显出村务监督委员会制度旺盛的生命力。

第二节　村务监督制度的主要模式

　　武义县后陈村的村务监督委员会制度是基层群众在基层政府的推动下实施的一种创举，也成为村务监督的一种经典模式。当然，除了村务监督委员会模式外，还存在村务公开监督小组模式、村民代表监督委员会模式、村级廉情监督站模式、村务商议团模式、"互联网＋村权监督"模式等，在全国范围内形成了多样丰富的实践，有效提升了基层社会治理水平。

一、后陈村村务监督委员会模式

　　自 2004 年浙江省武义县后陈村试点成立"一个机构，两个制度"的村务监督委员会开始，村务监督委员会模式在实践中不断规范与完善。2005 年，时任浙江省委书记、省人大常委会主任习近平同志提出将这一模式在全省复制推广。2010 年，新修订的《村组法》第三十二条明确规定将村务监督委员会制度写入法律，给予高度法制保障，"后陈经验"在全国其他地区得以全面推介。2011 年后，四川、广东、河北、北京等省、市结合实际，逐渐探索符合本地特色的村务监督委员会建设模式，大体形成了内外复合型村务监督委员会、内生吸纳型村务监督委员会及组织融合型村务监督委员会三种具体模式。①

---

　　①　姜胜辉：《村务监督委员会建设模式比较研究——基于武义、蕉岭、佛山的调查研究》，《山东行政学院学报》2019 年第 6 期，第 36 页。

（一）内外复合型村务监督委员会模式

内外复合型村务监督委员会模式以武义县后陈村的实践为代表。武义县后陈村村务监督委员会建设模式是分权制衡理论的地方实践，也是以基层权力腐败为切入点打造复合型立体化村务监督体系的现实样本。一方面，后陈村村务监督委员会以内生外促为建设动力。该模式以现实治理难题为原点，侧重行政力量的总体性安排和保障性介入，又基于基层群众的现实需要，赋予民主监督自治性内涵，具有"行政整合、群众参与、复合监督、分权制衡"的突出特点。另一方面，后陈村村务监督委员会共建上下互动的复合型监督体系。为防止村务监督组织之间相互阻隔，无法形成监督合力，武义县委、纪委、组织部及农业局等部门协同联动，通过设立村务监督委员会来替代原设的财务监督小组，避免"多头监督"，并以村务监督委员会成立为契机，构建包括村民代表会议制度，日常运行的村务公开制度，定期开展的汇报、述职和考评制度，专职监督的村务监督委员会制度，镇村党组织领导制度和上级纪委监委监督等多方面的上下、内外互动的监督制度体系，实现了整体化、网络化监督。这种内外复合型村务监督委员会模式，有效解决了村务监督长期以来面临的两大困境：一是将作为村两委"腿脚"的财务监督小组转化升级为监督村两委的"第三驾马车"，实现了决策、执行、监督权力的分离，有效解决了村务监督组织的依附性问题；二是通过构建复合型村务监督体系，有效解决了村务监督组织的保障性问题，破除了村务监督组织之间的制度壁垒，打通了村务监督"最后一公里"。

（二）内生吸纳型村务监督委员会模式

内生吸纳型村务监督委员会模式以广东省蕉岭县的实践为代表。蕉岭县位于广东省东北部，县域总面积 960 平方千米，下辖 8 个镇、107 个村（居）委会。进入 21 世纪以来，蕉岭县在建设美丽乡村、集体土地流转交易等领域滋生了很多问题，干群关系紧张，社会部分失序，村务监督迫在眉睫。在反思上级外部嵌入性监督成本高与村庄内部监督易于形式化的基础上，2007 年始，蕉岭县纪委开始积极倡导，在全县 8 镇 8 村率先试点，创新探索内生吸纳型村务监事会制度，积极推进民主选举、民主决策、民主管理和民主监督"四权同步"。一是吸纳内生权威精英。由村民代表会议选举 3—5 名土生土长且有威望的老干部、老党员、老模范、党风廉政建设监督员或县镇人大代表担任村务监事会成员，搭建基层群众信得过的村务监督网络。二是广泛吸纳民意。蕉岭县纪委协调各个部门，在广泛听取基层群众意见、建议、要求的基础上，统一制定《村务监事会制度》《财务支出审批制度》《印章使用管理制度》等制度，推动村务监事会运行制度化、规范化。同时，为防止村务监事会运行可能出现的形式化问题，蕉岭县还创设了村务监事会联系群众制度、村民召集组制度和民主评议村干部制度。蕉岭县的内生吸纳型村务监事会是在基层政府外力引导下积极利用村庄内部资源优势而建立起来的，具有监督成本低、监督成效高的体制优势。

（三）组织融合型村务监督委员会模式

组织融合型村务监督委员会模式以广东省佛山市的实践为代表。佛山市位于广东省中部，地处珠江三角洲腹地，毗邻港澳，全市总面积 3797.72 平方千米，下辖 5 个区 36 个镇街。佛山市以前在村庄（社区）成立了村居财务监督组织且运行较好，但却无法有效应对土地物业出租、集体经济分红等方面出现的治理乱象，亟须补齐民主监督短板。为此，2012 年佛山市结合本地实际，按照"行政统筹、组织融合、自治为主、救济为辅"的基本原则，开始积极探索与创新组织融合型村务监督委员会模式。

一是行政统筹。2012年起,佛山市民政局牵头,统筹其他职能部门先后统一制定了《佛山市村务公开"五化"创建活动实施方案》《村务监督委员会补贴经费试行办法》《村务监督委员会及其成员评议考核方案》《关于开展村务监督委员会标准化建设的实施方案》等指导文件,在全市范围内推行村务监督委员会建设全覆盖,并且推进村务监督委员会的标准化建设。二是组织融合。佛山市积极整合财务监督小组和民主理财小组职能,实行交叉任职,推行"两个牌子、一套人马"的运作机制,促进组织融合。三是自治为主。佛山市注重村务监督委员会的群众性特征,突出群众的自治性和自主性。例如,村务监督委员会成员需由村民代表会议民主选举产生,村务监督委员会成员要向村民代表会议负责。村务监督委员会成员的补贴待遇也需经村民代表会议自主讨论,由村庄集体经济统一发放。四是救济为辅。当村务监督委员会因受到阻挠而无法正常运作,且在村民代表会议充分协商后仍无法解决时,区镇党委、纪委、监委可以适度介入救助,以保证村民的自治性和行政的权威性。

二、村务公开监督小组模式

村务公开监督小组成员一般由村民会议或村民代表会议直接选举产生,并根据村规民约及相关法律制度自行对村务公开事项进行监督。村务公开监督小组主要职责有:全面审查村务事项,对村务公开事项进行全程监督,督促村两委及时按规定公开村务情况,并督查村务公开事项的执行情况;汇集村民意见和建议,及时提交村务管理组织,并督促村务管理组织及时回应村民质疑并督促其对不当之处进行及时整改;定期向村民会议或者村民代表会议汇报对村务监督的执行情况。

民主理财小组往往与村务公开监督小组相伴而生。从程序上看,村民会议或村民代表会议从村民代表中推选产生村务公开监督小组,再从村务公开监督小组中民主推选产生民主理财小组。在部分地区,两个小组往往是"两个牌子、一套人马"。从职责上看,民主理财小组职责主要有:监督村级财务的执行落实情况,如村务的收支预算、决算情况;监督各项村务中有关财务制度的公开情况;独立审计并公开村中各项账目,包括收支预算、决算的情况,并按年度、季度、月度进行公示;将村民的意见和建议及时归纳提交给村务管理组织,并督促村务管理组织对此及时做出答复及相应的整改;定期向村民会议或者村民代表会议汇报村务管理中的财务情况;全面审核村务中的财务账目、凭证、实物、现金、存款等,并按市财政局要求进行公布。公布的资料须由村委会负责人、分管财务工作的负责人、主管会计和民主理财小组长共同签字。当意见不统一,无法出具审核意见时,提交村党支部讨论决定处理意见和调账。为了保证村务公开监督小组与民主理财小组的独立性,一般规定村党组织、村委会、村集体经济组织班子成员及其直系亲属和村财会人员不得兼任两个小组的成员。

当然,很多地方往往会结合本地实践积极创新村务公开监督小组体制机制,以扩大村务公开监督小组的实际效应。其中比较具有代表性的做法是湖北省武穴市的"四五六"工作模式。其中,"四"是推进"四步决策法"完善工作机制,确保村务公开和民主管理工作顺利开展。第一步决策:涉及村民利益的事项,由村党支部、村民委员会、村集体经济组织、1/10以上村民联名或1/5以上村民代表联名提出议案。第二步决策:村党支部统一受理议案和代表建议,并及时召集"两委"联席会议,研究提出具体意见和办法。第三步决策:对提交村民会议或村民代表会议讨论决定的事项,会前向村民或村民代表公告,广泛征求意见。第四步决策:由村党支部、村民委员会召集村民会议或村民代表会议讨论决定,会后及时公布表决结果。"五"是统一实行"五项规范"规范村务公开,突出村务公开和民主管理工作的实效性。一是规范公开内容。按照《武穴市村务公开目录》规定的内容进行公开,村民要求"点题"公开的,按照《武穴市村务点题公开模板》格式进行公开。二是规范公开阵地。在各村主要路口或醒目位置设立便于群众观看的村务公开栏,并统一模板。三是规范公开程序。村民委员会根据实际情况对要公开的事项和内容,在进行充分调查分析研究的基础上,提出村务公开初步方案,在村务公开监督小组对方案内容进行审查、核对、补充和完善后村党支部召集"两委"联席会议,对经审核的村务公开方案进行讨论,表决通过后成为正式公开方案。村民委员会根据正式公开方案的内容按规定的形式和时间实施公开,对有疑问的,村民委员会要及时做出解释和答复,并对合理化的建议意见加以吸收和完善。四是规范公开时间。对需定时公开的内容由全市统一规定公开时间。如:每年年初(1 月 10 日前)公开村民委员会年度计划和发展规划、上年村集体的收益及收益分配使用情况、年终资产情况和新型农村合作医疗情况;每月(次月 10 日前)公开债权债务明细情况、现金银行存款情况、各项收入支出情况、干部补贴(奖励)情况等等。五是规范公开形式。全市按照召开明白会、发放明白卡、建立明白栏的要求,统一村务公开的主要形式。"六"是通过"六种方式"全面监督,确保村务公开和民主管理工作的长效性。一是强化村民代表会议的监督;二是强化村务公开监督小组的监督,对村内部事务加强监督;三是强化民主理财小组的监督,对村级财务实施严格的财务管理流程;四是强化经管部门的监督,每半年和届期由经管部门组织对村级财务进行一次审计;五是强化市人大、纪委、监察和民政的监督;六是强化全体村民的监督。在市、镇、村设立意见箱和举报电话,真正畅通村民的监督渠道。2011 年,武穴市全市 310 个行政村均成立了村务公开和民主管理工作小组,推选出村务公开监督小组和民主理财小组,普遍建立了村务公开和民主管理制度,村务公开率高达 100%。①

三、村级廉情监督站模式

村级组织选举完成之后,谁来监督村干部行使权力? 天台县在农村基层创建"村级廉情监督站",做到"村委会用钱村民批,村委会决策村民审,村委会办事村民评",有效解决了对村干部监督乏力的问题。

早在 2005 年 9 月,天台县就开始试行建立村级廉情监督站。村级廉情监督站是村民自我管理、自我教育、自我服务的群众性组织,是乡镇(街道)纪检监察组织在村级的延伸,在乡镇(街道)纪检监察组织指导、村党支部领导下依法独立开展工作,其成员一般由 3—7 名监督员组成,通过村民会议或村民代表会议选举产生,其中必须有 1 名以上中共党员。在职责上,村级廉情监督站与村两委并列,由村民会议或村民代表会议授权,对村民会议或村民代表会议负责。具体职责主要包括:主持召开述职述廉会议,对违反廉政和创业承诺、村民反映强烈的村干部,要求其做出解释、重新承诺或主动辞职;主持召开罢免会议,启动罢免程序;向干部群众宣传党的方针、政策和党风廉政建设方面的规定,监督审查村务公开的各项内容,听取并反馈村民对村务管理和公开的意见和建议,分析掌握本村的信访问题。同时,村级廉情监督站可以通过搜集民意、调查分析、监督落实、通报反馈等 4 个步骤,着重对群众反映的热点、难点、焦点问题,村务公开、财务公开问题,村干部的廉情状况等开展监督。② 为了更好激发村级廉情监督站的作用,天台县还建立了由纪检监察、公安、检

---

① 《源头治腐工作简报(第七期)》,中共黄冈市纪律检查委员会,(2011-09-22)[2020-10-16],http://www.hgjjje.gov.cn/ltem/10775.aspx。

② 《廉情监督站》,《领导决策信息》2006 年第 45 期,第 25 页。

察、法院、审计、民政等组成的农村案件查办联席会议制度。对于廉情监督站反映的村干部违法违纪问题,联席会议须在规定时间内召开并进行处理。乡镇(街道)纪委还与村级廉情监督站建立了直通热线,当监督遭遇阻力时,乡镇(街道)纪委会及时介入。这种三级联动、网络框架式监督机制使得廉情监督站既掌握一定权力,又有一个力量庞大的"后台老板",腰板自然挺得笔直。[①] 天台县村级廉情监督站较好地解决了对村级组织与村干部监督乏力和监督缺位问题,有效地加强了对村级干部的监督,有力地推动了农村基层党风廉政建设,并得到了浙江省委的充分肯定。

除此之外,其他地方也有类似的创新。例如,河南省新郑市自 2018 年 8 月以来,积极探索实践监察职能向基层延伸工作,打造"监察专员办公室＋廉情监督员"监督新模式。在全市 18 个乡镇(街道)管委会设立派出监察专员办公室,与纪(工)委合署办公,依法授予其谈话、询问、查询、调取等 4 项调查措施和线索处置、依法调查、政务处分、监察建议等 8 项监察权限,并为 283 个村居各聘请 1 名廉情监督员,将监督的"前哨"和"探头"布设到乡镇、村居,构建了市、镇、村三级监察网,让老百姓感受到了纪检监察就在身边、正风反腐就在身边,真正打通监督监察"最后一公里"。浙江省舟山市东海区遵循"条块结合、方便监督"的基本原则,建立 1 个网格服务中心、8 个社区网格服务站、108 个基础网格,分 3 个层次的责任网格体系,按照"一网、一党小组、一廉情监督员"的模式,在每个基础网格聘 1 名廉情监督员,负责宣传、信息收集、信息上报等工作;在每个社区网格服务站有专人负责廉情工作,并设立 1 名信息员,负责网格信息平台的各项基础性信息输入、完善、保密和上传工作;在街道网格服务中心,纪工委派专人介入,并配备专人负责廉情信息的梳理、

---

① 徐平、张桦、奚珍珍:《廉情监督站弥补村级监督缺憾》,《乡镇论坛》2008 年第 1 期,第 7 页。

汇总、初步研判、录入、反馈、上报等日常工作，搭建起街道、社区、网格三级网络工作体系，实现基层党风廉政建设全覆盖。①

四、村务商议团模式

村务商议团是村民代表会议的常设机构。在村党组织的领导下，经村民代表会议授权，履行民主议事、常态协商、长效监督职责，充分发挥村民代表会议作用，切实保障村民的民主权利。村务协商团模式以广西壮族自治区玉林市福绵区的实践创新为代表。

玉林市福绵区下辖 6 个镇 116 个行政村（社区），全区 41.39 万人，其中农村人口 39.78 万人，占总人口的 96.1%。因此，福绵区是一个以农村人口为主体的城区。近些年来，随着国家惠农支农政策的落实，大量的项目资金落到村一级，如何进一步扩大基层民主，强化监督管理，防止村两委"独揽大权"，促进村级事务决策的公正公开透明变得十分重要。村务商议团也由此而产生。在实践中，玉林市福绵区的村务商议团模式通过紧抓村务商议团的组建、立规、运行、管理、保障等几个关键环节以保障其行之有效。具体表现在以下几个方面。

一是规范化组建。福绵区统一对村务商议团的人员组成、产生方式和建设标准做了规定。首先，确定人员构成条件。村务商议团一般由 7 或 9 人组成，设团长、副团长、文字秘书各 1人。成员须思想政治素质好、政策法律意识强、热心服务村民、做事公道正派，不能是村两委成员及其直系亲属或有其他明显特殊关系的村民代表。其次，分片区差额选举成员。候选人分片区由村民代表协商推荐或村党组织提名，提交村民代表会议以无记名投票方式按 20% 的差额民主选举产生。团长、副团长从成员中选举产生，文字秘书、联络秘书由团长指定。最后，按

---

① 　王锦海：《定海年鉴 2018》，方志出版社 2019 年版，第 98 页。

"六有"标准建设办公场所，即有办公场所、有议事大厅、有上墙制度、有办公桌椅、有书架书籍、有档案资料。

　　二是精细化立规。首先，明确议事范围。主要包括以下内容：享受务工补助人员及补贴标准；低保户、五保户的拟定；救灾救济款物的分配；农村危房改造指标分配；从村集体经济所得收益的使用；本村公益事业的兴办和筹资筹劳方案及建设承包方案；宅基地的使用方案；征地补偿费的使用、分配方案；以借贷、租赁或者其他方式处分村集体财产；其他涉及村民利益的事项。这些事项均需由村务商议团成员广泛征求广大村民意见建议，按照规范程序商议决策。其次，明确议事方式。主要根据议事内容的轻重缓急程度灵活选取例行会议、年度会议、临时会议三种议事方式。例行会议按月召开，对商议讨论的事项进行决议；年度会议于每年第一季度与村民代表会议合并召开，由团长代表村务商议团向村民代表会议述职，并接受村民代表会议审议；临时会议按急需议定事项随事随议、特事特议，表决通过后提交村党支部。最后，制定议事规则。要求参会成员达到 2/3 以上人数时所议事项方有效；表决时，团长一般情况下不参与，只有在双方票数相同情况下，团长才参与最后表决，当赞成方多于反对方时，议题才能通过。这很大程度上增强了村务决策的科学性和合法性。

　　三是科学化运行。首先，在议事职责方面，村务商议团要对相关事项进行充分商议讨论与表决，表决通过后形成的议案要提交村党组织，再由村党组织、村民委员会、村务商议团组成的联席会议讨论表决，通过后再提交村委会执行。其次，在商议职责方面，村两委需提前 1—2 天邀请村务商议团出席村务或决定重大事项会议。村务商议团接到讨论事项后，要在本片区广泛征求村民意见和建议，并在村党组织、村民委员会与村务商议团三方联席会议上反映民意，提供合理化建议，经三方充分讨论表决通过后交由村民委员会落实。最后，在监督职责方面，村务商议团要对各项村务工作进行全过程监督，并将监督结果反馈给村两委,督促其改正不足之处。

四是制度化管理。首先,建立日常管理制度。要求各级党组织加强对村务商议团的业务指导和管理,帮助其解决工作中存在的困难和问题。其次,实行评星定级制度。出台《福绵区村务商议团评星定级实施方案》,根据百分制考评标准,对照基本组织、基本队伍、基本活动、基本制度、基本保障、工作业绩、群众评价等指标进行打分,分"三星级、四星级、五星级"3个档次对全区116个村务商议团进行评星定级。最后,组建区镇两级督促检查制度。按照《福绵区村务商议团督查实施方案》,镇督查组对各村村务商议团的建设情况及日常运行情况进行月督查,并向区督查组汇报;区督查组每月对各镇随机抽样督查并通报结果,督查结果纳入镇村两级书记述职考评范围。

五是多元化保障。专门出台《福绵区村务商议团多元化保障机制实施方案》,从组织领导、激励约束、经费投入、知识培训和舆论引导等方面强化保障措施。其一,建立领导责任机制。要求区、镇、村三级书记亲自抓,分管领导具体抓,专人负责督促抓。其二,建立村务商议团运行考评机制。将村务商议团建设纳入镇村两级党组织书记党建述职的重要内容,且与村两委干部年终绩效考评结果相挂钩。其三,实行评议监督机制。村务商议团自觉接受村民代表会议监督与民主评议,评议不称职的,由村民代表会议进行罢免,重新选举。其四,建立激励培养机制。把威信高、工作能力强、群众满意的商议团成员列为村级后备干部,激发成员干事的积极性。其五,建立经费保障机制。考虑到村务商议团的义务性本质,在实际运作中采取区财政划拨一点,镇资金配套一点,村集体收入出一点的办法,为商议团筹集资金,确保正常运转。其六,建立部门联动机制。组织部门发挥牵头抓总作用,其他相关部门根据自身职能形成合力,推动村务商议团发挥积极作用。其七,建立宣传引导机制。充分利用各种新闻媒体,广泛深入地宣传推进村务商议团工作的进展情况、成功做法和典型经验,为村务商议团建设的深入推进营造良好氛围。

在实际运作过程中,玉林市福绵区创新推行的村务商议团民主管理模式,通过民主议事、常态协商、长效监督,进一步扩大了农村基层民主,完善了村民自治制度,增强了村务决策的科学性和透明度,有力地促进了农村各项工作的开展和农村经济的发展。[①]

五、"互联网＋村权监督"模式

针对当前农村大量外出务工的青壮年无法及时知晓村务动态情况的实际,为打通基层监督"最后一公里",切实用纪律和规矩管住农村基层干部手中的小微权力,2017 年 8 月起,湘西州纪委运用"互联网＋"思维,借助网络社交平台微信群来助力村级权力监督,并以月例会方式监督村两委当月决议和群众诉求、问题办理情况,确保小微权力在阳光下运行。具体做法如下:

第一,落实一把手主体责任。紧紧抓住乡镇党委承担主体责任,乡镇纪委承担监督责任,不断完善领导机制和工作机制,有效解决"谁来建、谁来用、谁来管、谁负责"等突出问题。各乡镇均成立以党委书记为组长的"互联网＋村权监督"工作领导小组,形成一把手负总责、一级抓一级、层层抓落实的工作格局。同时,将"互联网＋村权监督"工作作为党风廉政建设和反腐败工作重要内容列入重要议事日程,并将该项工作进行细化分解,要求各村和各有关单位做好责任的二次分解,将"互联网＋村权监督"工作列入年度工作考核目标,倒逼乡、村两级干部增强工作的积极性和主动性。

第二,搭建全覆盖监督平台。以县市为单位,县市纪委书记亲自挂帅负总责,乡镇(街道)纪委书记具体抓,乡镇(街道)驻村

---

① 汤玉权、黄建荣:《后选举民主:村民权利实现与村民自治制度的完善——玉林市福绵区"村务商议团"的实践表达》,《广西大学学报》(哲学社会科学版)2017 年第 3 期,第 83 页。

干部、村纪检监察干部全面落实，采取分层负责模式，全面部署抓好村权监督微信群和村权监督月例会工作。具体工作中，按"一村一群、一户一人"的思路，在全州115个乡镇（街道）的1817个行政村（社区）均建立了村级权力监督微信群，并把使用智能手机和微信的村民与所有乡镇干部、村干部和一般党员一同拉入村权监督群。同时，以片区为单位，把县市纪委干部分配到各片区所辖村的监督群进行动态跟进，使村权监督微信群实现全州所有村级组织、家庭组织、乡村两级党员干部全覆盖。

第三，制定标准化监督程序。以监督底数清、对象明、目标准为出发点，梳理出村两委具有绝对话语权，涵盖党员评议、农村低保、危房改造等党务、村务、财务类29项村级权力，制定统一标准、尺度的《村权监督工作流程》，并将29项村级权力清单、运行流程和决议结果发布到监督群里公示公开，接受群众监督。同时，乡镇联村的纪检干部每月定期组织召开由驻村扶贫干部、乡镇村组干部和群众代表共同参加的村权监督月例会，对村里通过监督群收到的群众诉求、政策咨询、申请事项、网络舆情等问题分流和办理情况进行民主监督，对履职不力的严肃问责。

第四，实行金字塔监管模式。在管理模式上，由州纪委负总责，各县市纪委牵头，建立州、县（市）、乡镇（街道）、村（社区）四级金字塔微信管理群，明确每个层级的群主、管理员、群员主体及其工作职责等，各项工作通过微信群分层级上传下达和部署安排，提高解决群众实际问题的效率。在监督方式上，实行"专人＋全程""过程＋结果"的双保险监督方式。坚持以乡镇纪检干部为主体，聘请驻村干部为兼职纪检监察专干，专职负责村权监督工作。在监督过程中，纪检监察专干全程参加村权监督月例会等在内的村两委所有的会议，并对所有会议和29项权力运行结果以拍照或录制小视频等方式进行存档备查。

第五，采取层级性分流处置问题。对村权监督群内群众反映的问题，能即时答复和处理的，由村权监督微信群管理员即时处理;不能即时答复的,由村级群管理员收集后,统一报乡镇(街道)群管理员进行汇总管理,并上报县市纪委或县级群管理员备案。对于各村上报的信息,由乡镇(街道)群管理员按公开公示、诉求受办、便民利民、政策解答、舆情处置等五大类登记后,分流给乡镇(街道)相应的分管领导,由乡镇(街道)分管领导与相应的职能站所研究处理,处理结果在村权监督微信群公示公开,在村权监督月例会上向群众进行通报反馈。

第六,采用实用性评价机制。制定《湘西自治州村级权力监督微信群管理办法指导意见》和《关于进一步规范"村权监督月例会"制度的指导意见》,把对 29 项村级权力监督和公示公开落实情况、村权监督月例会召开情况等,作为村纪检监察专干和乡镇纪委干部考核的重要内容,并实行工作月报制和季督查制,对不按要求公示 29 项权力运行情况、不及时收集群众反映的问题、不按时召开月例会的排名后 10 位的进行通报批评,对工作不力的第一次给予谈话提醒,第二次给予诫勉谈话,第三次直接调整出村纪检监察专干和乡镇纪委干部队伍。

在实践中,"互联网+村权监督"模式不仅促进了监督方式的新转变,打破了时间、空间和地理位置的限制,实现了由部分监督向全民监督、被动接受监督向主动要求监督、事后监督向全程监督的新转变,而且倒逼村干部和各职能部门主动将政策信息向群众公示公开、主动加强与群众的交流沟通、主动为群众提供贴心的服务,干部主动履职意识、主动服务意识、干群协作意识明显增强,工作作风呈现新风尚。2018 年一季度,全州各级纪检监察机关共收到信访件 516 件,其中涉及村干部的信访件 174 件,同比下降 26.9%。①

---

① 湘西州纪委:《探索构建"互联网+村权监督"新模式 打造指尖上的"村务公开"》,(2018-06-12)[2020-09-15],https://www.sohu.com/a/235408957_100160000。

第三节　村务监督制度的理论提炼

在上一节中,我们可以看到,在后陈村村务监督委员会制度扩散过程中全国很多地方都结合本地实际不断创新村务监督制度,形成了多类型、多样式的村务监督模式。形式是内容的外化,类型是实质的表现。在多类型多样式村务监督模式的背后,这些实践创新的核心内容主要表现为分权制衡、过程监督、制度规范与信息沟通,由此促进农村基层社会的协同共治。其实质是建构了一种以控制为主、协调为辅,控制与协调相结合的复合型权力管理结构,形成了制约、监督、沟通三位一体的权力运行机制,创造了村级治理权力调控的新模式。①

一、分权制衡

分权制衡主要是指权力系统内部各种力量之间的相互牵制、制动和约束,是一种重要的权力调控机制。② 制衡学说源于分权思想,分权思想可以溯源于古希腊的亚里士多德。这位先哲在阐释他的"法治应当优于一人之治"的思想时,主张把政府的权力分为讨论、执行、司法三个要素,而权力活动又应当普遍

---

① 卢福营:《基层群众自治视野下的村级权力调控制度创新——浙江省武义县后陈村村务监督委员会制度调查》,《杭州师范大学学报》(社会科学版)2014 年第 6 期,第 95 页。

② 高山:《国家权力的制约监督》,河北人民出版社 2005 年版,第 24 页。

地、严格地遵守制定得完好的法律。在分权思想基础上发展起来的制衡学说,形成于资产阶级革命时期。当时尚未掌握政权的资产阶级为了同封建主分享统治权并反对封建主的专横,便提出了分权制衡学说,主张国家的立法、行政、司法三项权力应当分别由三个不同的国家机关去行使,形成三项权力间的相互牵制和相互约束的格局,以保持国家权力间的平衡状态.防止某个机关或某个人的独断专行。18世纪中叶,法国启蒙思想家、法学家孟德斯鸠在其名著《论法的精神》中,论述法和政体以及自由的关系时,强调了专制政体与法律的水火不容,认为一切有权力的人都容易滥用权力,要防止权力被滥用,保障人民的自由,就必须以权力约束权力。他认为,如果国家的权力全部或部分地集中在同一个人或同一个机关的手里,那么人民的自由便不复存在。在民主革命后,由分权制衡学说引申而形成的三权分立制度,被各个资本主义国家广泛采用,并以不同的形式得以体现。

改革开放以来,我国将村民自治这一地方村民创举上升为国家政策加以推广,以弥补人民公社体制解体后所带来的基层权力真空。虽然最初《村组法》对村民自治的基本架构进行法定,但是不可否认的是,长期以来农村基层社会治理由于缺乏行之有效的权力监督与制约机制,致使一些乡村干部独揽大权,村民自治异化为村干部自治,村干部也因掌握村级大权而带来权力寻租与权力腐败,引发干群关系紧张,甚至造成乡村治理危机。村务监督制度创新最重要的贡献就在于在村级公共权力组织结构中增设了与村级党组织、村民委员会并行的村务监督委员会这一新组织,并赋予该组织代表广大村民行使民主监督的权利,从而在村两委的矛盾争执中增加了一道监督阀门,并将村务监督和村务管理相互分离,由此形成了村级党组织、村民委员会和村务监督委员会三方分权制衡的控权模式。

首先，从组织产生和权力来源来看，村务监督委员会是由村民会议或村民代表会议民主选举产生，并经村民会议或村民代表会议授权对村两委实施全过程监督。所以，村务监督委员会与村民会议或村民代表会议之间就形成了基于民主选举机制上的委托—代理关系。也正是这种产生方式，使得村务监督委员会不同于村民财务监督小组，它并非村民委员会的下属组织，相反它是与村民委员会并行的、处于同一层级的组织，并且村务监督委员会成员的候选人不能是村两委成员、文书、记账员及其父母、配偶、子女、兄弟、姐妹等直系亲属，这也从组织上割断了村务监督委员会与其他村级公共组织因血缘关系而产生的利益关联。

其次，从组织职能与存续上看，根据制度设计，在村级公共权力运作中，实行村务管理和监督分开，彼此相对独立，互不从属。其中，村民委员会拥有对村务决策的执行权，村务监督委员会拥有对监督权和对村级事务的建议权，但没有决策权。村务监督委员会以监督村民委员会执行权是否违规为主要职能。这样就在村级公共权力体系中形成了民主决策、民主管理与民主监督三种权力彼此相对独立、互不从属的制约格局。而在组织存续上，村务监督委员会和村民委员会并没有决定彼此存续的权力，但可以通过村级党组织或乡政府，提请村民会议或村民代表会议启动罢免程序，让村务监督委员会的民主监督更加科学、客观与公正。

二、过程监督

监督理论是一个管理学理论，主要是指规定各种活动的标准或规范，并建立相应的信息反馈机制实施监督，根据反馈信息采取行动纠正重要偏差，从而保证管理目标实现的过程。根据马克思主义原理，监督与控制是社会生产力发展到一定阶段的必然产物。在原始社会里，虽有监督控制的原始萌芽，但社会生产力水平极低，既没有分工，也没有交换，因而监督和控制也就缺乏产生的前提和基础。随着社会生产力水平的提高，社会生产方式得到了改进，生产规模不断扩大，生产部门日益增多，各产业部门内部和相互之间以及产品结构的比例关系日益复杂，分工协作日益细密，社会交换逐渐形成了一个庞大的网络，这在客观上提出了从整体和全局出发，对社会经济运行过程进行有效监督和控制的要求。所以，监督和控制必然有人的意志体现其中，人们必须以一定的组织方式和监督、控制手段，不断预防、检查、发现和调整生产力和生产关系之间的矛盾，以保证社会生产力不断发展和社会、经济系统健康运行。

　　就村务监督而言，村务监督主要是为了防止个别利益危害整体利益，维护村庄正常治理秩序，实现有效的村务管理，因而是对村庄公共权力实施的一种必不可少的调整和控制措施。[①]村务监督组织往往由几名专职成员构成，专门从事村务监督工作。这种常设性的村级组织就使得村务监督由过去的兼职监督转为专职监督、由过去的临时性监督转为经常性监督，实现了专职化、经常化、日常化。除此之外，村务监督，尤其是村务监督委员会模式难能可贵的还在于对重要村务特别是重大财务活动实施全过程监督和全方位监督。首先，在全过程监督方面，村务监督由事前监督、事中监督和事后监督三个主要环节组成。其中，事前实施超前监督，即参与村级财务管理的决策过程，对不合制度规定或不合民意的决策及时提出异议，并可提请村民代表会议就有关问题进行协商、表决；过程中实施跟踪监督，即参与村务决策执行的全过程，抵制不符合制度

---

　　① 卢福营：《农民分化过程中的村治》，南方出版社2000年版，第178页。

和民意的村务管理行为；事后进行检查监督，即做好事后的财务审查、结果公开、干部考核、过失问责等工作。全程性的监督有效避免了事后监督的滞后性，较好地保障了农村基层权力的正常运行。① 其次，在全方位监督方面，村务监督委员会不仅拥有村级财务监督职责，而且拥有多方面的监督职责，实施的是全方位的村务监督。例如，根据后陈村《村务监督制度》规定，从制度执行到村务会议、从村务决策到村务公开、从财务运行到重大村务活动、从干部评议到干部罢免等，都在监督范围之内，村务监督由过去的民主理财转变为以财务监督为重点的全面监督。再如，广西壮族自治区玉林市福绵区的村务商议团制度，根据《玉林市村务商议团工作章程》规定，原则上所有村级重大事项的组织实施都要先经过村务商议团讨论与表决，议事范围主要包括以下内容：享受务工补助人员及补贴标准；低保户、五保户的拟定；救灾救济款物的分配；农村危房改造指标的分配；从村集体经济所得收益的使用；本村公益事业的兴办和筹资筹劳方案及建设承包方案；宅基地的使用方案；征地补偿费的使用、分配方案；以借贷、租赁或者其他方式处分村集体财产；其他涉及村民利益的事项。

三、信息沟通

沟通理论原是动力工程学中研究信息传递过程的理论，为控制论的奠基人美国学者 N. 维纳所创立。他认为，自动化的机器有自动接受信息，并相应做出反应的功能。这一过程既是沟通过程也是控制过程。第二次世界大战后，世界局势的变化和资本主义制度内部矛盾的加剧，促使西方行为主义政治学的研

---

① 卢福营：《基层群众自治视野下的村级权力调控制度创新——浙江省武义县后陈村村务监督委员会制度调查》，《杭州师范大学学报》（社会科学版）2014 年第 6 期，第 95 页。

究重点,从研究权力逐步转向研究政策的制定和执行过程。美国政治学者 K. W. 多伊奇受维纳思想的影响,开始把控制论的基本原理和方法应用于政策制定过程的分析,于 1963 年发表了代表作《政府的神经:政治沟通与控制的模式》,形成了系统的政治沟通理论。一般政治学者认为,多伊奇是政治沟通理论的主要代表人物之一。根据多伊奇的政治沟通理论,视决策为政治活动的中心,把沟通看作决策的环节。他认为政治系统与自动机器有相似之处,政治系统内部的机制对信息的接受、选择、储存、分析和处理就是沟通。"信息"和"反馈"是沟通理论的两个核心概念。政治系统要达到自己的目标,需从各方面接受涉及体系目标的、有关环境变化情况的信息,然后对这些信息加以选择、储存、分析和处理,形成决策。政策制定后,政治系统通过反馈过程,获得政策执行过程和政策在环境中引起了什么变化的信息,使决策者及时了解和反应,正确地调整自己的政策和行为。

　　在乡村社会,信息沟通是农村基层治理系统得以存在与运行的基本前提和不可缺少的要素,只有借助有效的信息沟通,农村基层治理系统才能有效发挥治理功能。村务监督作为一个重要的制度创新,其重要价值之一还在于它赋予了村务监督组织的成员以信息沟通的权力,突出信息沟通对乡村基层权力监督的作用,从而实现农村基层社会的协同治理。也就是说,如果村务监督委员会的分权制衡功能主要在于确保权力不违反制度规定和民众意愿,守住权力底线,那么信息沟通的功能则主要表现为促进权力主体的协同和治理绩效的最大化。具体表现在:首先,传递民意,实施"合意性"沟通。即通过民情传递和信息沟通,有效地表达村民的意愿和诉求,确保村务决策管理符合多数民众的意愿。其次,交流村情,实施"知情性"沟通。即通过信息传递和村务公开等,有效地传达公示村务管理的真相和村庄治理的实情,保障村民的村务管理知情权，提高乡村治理的公开性与透明度。最后，提供建议，实施"建议性"沟通。即在村务运行过程中，向决策管理者提出合理化的建议和意见，改善村务决策管理过程，促进农村基层社会治理的优化。① 当然，在信息沟通方式上，随着现代信息技术的迅猛发展，信息"微"沟通成为重要信息沟通方式，"指尖上"的村务监督成为未来发展的重要取向。例如，河南省许昌市建安区借助移动互联网在农村的普及，先后组织全区 300 多个村分别建起农村"三个微信群"，即全体党员"审议群"、村民代表"决议群"、一户一代表"公示群"。通过将村民、村党员干部、乡镇纪委干部纳入一个"朋友圈"，探索农村小微权力监督新形式。截至 2018 年，全区 373 个行政村和社区实现"三个微信群"全覆盖，共发布涉及"四议两公开"等重大事项信息 6500 多条、党员群众参与表决事项信息 3000 多条，既让基层小微权力得到公开透明监督，也激发群众参与村务、监督村务的热情，提高农村民主自治质量和水平。再如，广东省江门市积极探索运用信息化技术创新基层监督方式，指导镇级纪委依托现有的"全科网格"电子信息平台完善监督系统、拓宽监督渠道，推行群众网络举报、扫码监督等方式，打通基层监督"最后一公里"。该市以古井镇为试点，依托"全科网格"电子信息平台，指导整合民政、财政等方面数据，梳理村级权力，搭建可报送村级权力信息、可扫码反映问题的"智能监督系统"，推动村级权力监督工作信息化、数字化。为拓宽监督渠道，古井镇纪委在系统中开设"村级权力监督"通道，由各村信息员登录通道开展信息报送、村务监督等工作；实行扫描二维码监督村级权力模式，制作了专门的村级权力监督二维

---

① 卢福营：《基层群众自治视野下的村级权力调控制度创新——浙江省武义县后陈村村务监督委员会制度调查》，《杭州师范大学学报》(社会科学版)2014 年第 6 期，第 96 页。

码,张贴在村内的显眼位置,群众通过扫码登录"纪委信箱"即可反映问题线索,实现监督"触手可及"。①

四、制度规范

制度是新制度主义的核心概念,也是制度分析方法的理论基石和逻辑起点。制度的中心含义是从拉丁语动词 instituere (创立或建立)派生而来的,是一系列的规则、组织和规范的总称。"制度是一系列被制定出来的规则、守法程序和行为的道德伦理规范,它旨在约束追求主体福利或效用最大化利益的个人行为。制度提供了人类相互影响的框架,它们建立了构成一个社会,或更确切地说,构成一种经济秩序的合作与竞争关系。"②我国历来重视制度建设。邓小平曾多次指出:"这些方面的制度好可以使坏人无法任意横行,制度不好可以使好人无法充分做好事,甚至会走向反面。……组织制度问题更带有根本性……"③习近平总书记在十八届中央纪委第二次全会上的讲话明确指出,要加强对权力运行的制约和监督,把权力关进制度的笼子里,形成不敢腐的惩戒机制、不能腐的防范机制、不易腐的保障机制。这种制度笼子论,意在把制度比喻成"笼子",意在强调制度之"笼"对权力,尤其是对一切滥用的权力的约束和监督。④ 换言之,只有把权力关进制度的笼子里,才能有效保证权力运行的规

---

① 陈晓健、阮淑琼:《在基层丨村级权力监督:码上反映马上办理》,(2020-04-20)[2020-05-21],http://www.ccdi.gov.cn/yaowen/202004/t20200420_215664.html? src=m_so_share_wechat。

② [美]道格拉斯·C.诺思:《经济史中的结构与变迁》,刘守英译,上海三联书店、上海人民出版社 1994 年版,第 225—226 页。

③ 《邓小平文选》第 2 卷,人民出版社 1994 年版,第 333 页。

④ 内蒙古自治区中国特色社会主义理论体系研究中心:《"笼子论":把权力关进制度的笼子里》,《内蒙古日报》2015 年 9 月 7 日,第 005 版。

范化、有序化。

从系统论角度来看，一个有效运行的制度往往是一系列具有有机联系的制度元素通过特定机制和机构联合运作的系统，这些制度元素之间往往相互影响、相互补充、相互作用，形成系统合力。在村务监督制度设计中，地方政府高度重视制度设计的完整性和系统性，逐步健全村务管理的组织制度，完善村务管理的运行机制，建构村务监督的专项制度，创设村务监督委员会制度，初步形成了一个较为完整的农村基层权力调控制度体系，以此推进依制治村。这里以安徽省铜陵市为例。

2014年以来，铜陵市大胆探索，主动创新，以村务监督委员会的组织机构建设、工作流程建设和网络监督平台建设为着力点，深入推进村务监督工作，促进村务监督走上标准化、制度化、网络化轨道，保证了村务监督有效常态开展。第一，推进村务监督委员会标准化建设，确保村务监督顺利运行。首先，健全组织。2014年9月，各村先后通过选举产生了一支村务监督委员会组织队伍，并专设主任1名、委员2名。其次，理顺机制。规定村务监督委员会实行双重领导，既在所在村党组织领导下，又接受乡镇办纪（工）委领导。最后，完善保障。建立村务监督委员会主任报酬财政供给制，将村务监督委员会主任报酬纳入全区财政预算，确保兑现到位；规定村务监督委员会主任报酬享受所在村副职的70％，区、乡镇办按1∶1比例承担，委员实行误工补贴制。2015年初，一次性兑现了村务监督委员会主任2014年10—12月报酬7万多元。第二，推进村务监督工作流程制度化建设，确保村务监督有效运行。首先，明确村务监督要点。制定出台《郊区村务监督委员会工作流程》，明确"村务决策、村务公开、财务公开、村级集体'三资'管理、村级工程建设项目、涉农惠农政策落实和村干部廉洁履职"七大类监督要点，规范工作流程。其次，建立健全系列工作机制。健全村民自治机制，弥补村级民主监督的缺失；完善对村干部权力行使的监督制约机制，实现惩防体系的构建向村级组织延伸;完善村级民主管理和民主监督制度,切实维护农民群众的知情权、参与权、表达权和监督权;建立健全村务监督委员会检查考评机制,将规范建设、制度落实、职责履行、综合评价等 4 类 23 项内容列为考核指标。第三,推进阳光村务监督平台网络化建设,确保村务监督科学运行。首先,建立"阳光村务网络监督平台"门户网站。利用互联网开发"铜陵市郊区阳光村务网络监督平台"门户网站,设置四级监督查询权限,即区、乡镇办、村、村民,根据不同权限,从不同页面进入网站。其次,统一规范网上公开内容。定期公开村级党务、村务、财务,对村级组织主要负责人任期工作目标、年度工作目标承诺情况和半年工作完成情况进行公示。最后,建立监督运行长效机制。由村两委全面搜集整理网上公开的内容,经村务监督委员会审核后,上报乡镇办纪工委,乡镇办纪工委根据各村上报的公开内容,召集相关部门进行审核确认,以确保公开信息的真实性、完整性。①

　　总之,从全国各地的村务监督创新与实践来看,村务监督的制度设计实质是以控制为主、协调为辅的复合型权力结构,建构了制约、监督、沟通三位一体的新型权力运行机制,也是一种乡村治理的新型权力调控模式。这种新型权力调控模式能够有力推进乡村治理的分工合作、协同共治,确保了村级权力的有效、有序运行,促进了农村经济社会的发展。

---

　　① 《铜陵市郊区着力强化村务监督工作》,安徽先锋网,(2015-10-28)[2019-11-25],http://www.ahxf.gov.cn/Home/Content/790681? Classld＝119。

第四节　村务监督制度扩散的重要价值

一个有效运作的制度,往往是一系列具有紧密联系的制度元素关联起来运作的闭合系统,包括组织制度、管理制度、监督制度及救济制度等。各地通过创新与发展村务监督制度,改变了乡村社会的治理结构,有效促进了村民自治在乡村社会的落地,具有重要的创新价值。为方便论述,这里主要以村务监督委员制度为例说明村务监督制度扩散的重要价值。

一、推进了村级民主管理制度的体系化

自村民自治实施以来,虽然民主管理制度建设取得了一定成效,但不可否认的是,村级民主管理制度在实际运行中也遭遇了很多的阻力,在大部分农村并未能像预设的那样有效运作。例如,在农村实施多年的村务公开制度,由于缺乏必要的民主监督,蜕变为一种村务公示制度,失去了原有的实质性意义。也正是基于这种认识,如何通过创建村务监督委员会制度来使得既有村级民主管理制度回归"本意"成为必要。

首先,村务监督委员会的设立,有助于完善村民自治的组织体系。在以前村民自治的法定框架中,村党支部是村级各项工作和事业的领导核心,是政治领导机构;村民会议或村民代表会议是村务管理的决策机构,是最高权力的代表;村民委员会是执行村级重大决策和管理村务的机构,是执行机构。所以,在"政治领导机构—决策机构—执行机构"的三维组织框架中,很明显

缺乏一个常设的村务监督机构。换言之,缺乏一个常设的监督机构,"政治领导机构—决策机构—执行机构"只能依靠自身的组织自觉性与自律性来规范运作,这在缺乏民主法治训练的中国农村社会显然是不合适的。因此,后陈村创造性地增设了一个常设的村务监督委员会,与村民委员会并列,由村民会议或村民代表会议选举产生,对村民会议或村民代表会议负责,并对村务管理制度的实施和村务管理的运作进行全程监督。所以,从这个意义上看,村务监督委员会制度的确立,其实就是进一步完善了村民自治的组织体系,堵住了原有村民自治法定框架下民主监督弱化的缺口。

其次,村务监督委员会制度的设立,完善了村级民主管理制度。制度是一套游戏规则,对村务监督委员会的运行提供必要的支撑与保障。在村务监督委员会设立过程中,创立者十分重视制度功能,注重制度安排的完整性和体系性,并根据当时村庄的实际情况与需要,将村务监督的重点放在村庄集体资产监督和财务管理监督两个方面。例如,在制度层面明确了村两委是村务尤其是财务管理组织和村务监督委员会是村务尤其是财务监督组织,并细化了村民监督委员会的性质、职能以及村级财务管理人与监督人的职责等方面的规定,完善了村务管理组织制度。再如,规定了村务监督委员会的救济制度。即村务监督委员会的监督功能无法正常运转时,可以向乡镇有关部门申请救济。举个例子:假若村务监督委员会要求村民委员会召集村民代表会议而村民委员会以各种不合理理由拒不召集,村民监督委员会就可以提请乡镇有关部门责成村民委员会召集村民代表会议。这种制度设计,其实就是当村务监督委员会在村庄内部无法有效自我运转时,可以求助于外力来保障村务监督委员会制度的功效。

综合上述分析,我们可以看到,村务监督委员会制度的设立,可以使村民自治的组织架构联结在一起成为一个闭合的制度体系，通过功能互补，保障了整个村级民主管理制度的良性运作。

二、形塑了村级小微权力的制衡机制

权力是把"双刃剑"，用得好可以为民造福，用得不好或滥用就会滋生腐败，危害党和人民的事业。习近平总书记指出："没有监督的权力必然导致腐败，这是一条铁律。"在村级小微权力运作过程中，一些村干部之所以出现经济腐败问题，一个重要原因就是村干部手中的小微权力运作缺乏一个有效的制衡机制和监督机制。按照制度设计，村务监督委员会由村民代表会议选举产生，经村民代表会议授权实施监督，对村民代表会议负责，这就实现了村务监督与村务管理的分离，村务监督委员会因此也就成为与村党支部、村委会并行的一个村级权力制衡机构。

首先，从权力来源上看，村务监督委员会的监督权力来源于村民会议或村民代表会议，村务监督委员会由村民会议或村民代表会议选举产生并对村民会议或村民代表会议负责。所以，从权力来源角度看，村务监督委员会在组织层次上与村民委员会、村党支部处于同一层级，属于同级监督，而非村民委员会、村党支部的下属机构。正是这种组织架构设计，使得村务监督委员会不同于原有的村民财务监督小组，使其民主监督功能够更好地自主行使，切实发挥作用。与此同时，一些地方村务监督委员会选举办法明确规定，比如后陈村，村务监督委员会设主任 1 名、委员 2 名，经村民代表会议选举产生。选举前先由村民代表会议在村民代表中推荐 4 名候选人，所荐的候选人应是非村两委成员及其父母、配偶、子女、兄弟姐妹等直系亲属的村民代表，计票后按得票数多少，从高到低排名，前 4 名作为村务监督委员会成员候选人。然后再采用直接差额选举办法，以无记名投票，设投票箱集中投票，公开唱票、计票的方式进行。这种规定从组织根源上割断了组织间由血缘关系带来的利益关联,确保了村务监督委员会运作的公平与公正。

其次,从职能设置看,实行村务管理和村务监督分开,二者彼此独立,互不隶属。村务监督委员会建立后,村务管理权和监督权分离,形成了村务决策权、执行权和监督权相互独立、相互制约的"村三委"新型村级治理机制,对村两委的权力制约和监督有了制度支撑,实现了同体监督向异体监督的转变。在监督内容上,由单纯财务向全面村务延伸,涵盖政策落实、村务决策、村务执行、村务公开、村财务、村集体资产和资源、村便民服务室运行、项目建设和征地拆迁、村干部勤政廉政及工作作风等内容,极大地扩大了监督范围。在监督方式上,村务监督委员会在事前可以列席村两委会议参与决策,事中可以参与决策执行过程,事后可以审查财务收支、资产处置等情况,使得村务监督方式由以前的事后盘点发展为全程跟踪。[1]当然,从组织的存续看,村务监督委员会和村委会并没有决定彼此存续的权力,但可通过村党支部或基层政府,提请村民代表会议,启动罢免程序。

三、增强了村庄公共权力的合法性基础

以现代民主理念为主导的村民自治,其实施本身就意味着村庄公共权力的合法性基础的转换,即由原来的传统型权威或魅力型权威向法理型权威转变,突出民主法治在村级管理中的重要价值。

首先,村务监督委员会是由村民会议或村民代表会议民主选举产生,经村民会议或村民代表会议授权实施监督,并对村民

---

[1] 刘诗林:《我国村务监督委员会的运行困境及对策建议——基于11省700名乡镇纪委书记问卷调查的实证研究》,《理论探讨》2015年第1期,第129页。

会议或村民代表会议负责。从产生程序上看，村务监督委员会其实就与广大基层群众建立起了委托—代理关系。换言之，村务监督委员会接受基层群众授权进行监督，并且只能在村民会议或村民代表会议授权的范围内对村务实施监督。在这种委托—代理关系中，村民会议或村民代表会议的地位与权力得到进一步的加强。

其次，从权力关系上看，村务监督委员会对村两委的实际工作并无直接的否决权，只有否决的建议权，最终的决定权在于村民会议或村民代表会议。如果村两委就村务监督委员会对自身工作的违规界定存在异议，可以提请村民会议或村民代表会议做最终裁决。这样，村民会议或村民代表会议的地位与权力又会得以进一步提升。

最后，村务监督委员会成员由村民会议或村民代表会议选举产生，自然要向村民会议或村民代表会议负责，并接受村民或村民代表的监督。村民发现村务监督委员会成员存在违法乱纪、严重失职时，只要有 1/3 的村民代表联名提议，乡镇党组织就必须督促村两委召开村民会议或村民代表会议，以无记名投票的方式决定对违法乱纪、严重失职的村务监督委员会成员进行撤换表决。村民会议或村民代表会议的这一罢免权其实就是对村务监督委员会成员言行进行有效约束的利剑，时刻提醒村务监督委员会成员要真正为广大村民利益着想，公平公正参与村务监督全过程之中。

所以，在村党支部、村民委员、村民会议（村民代表会议）与村务监督委员会的关系结构中，村务监督委员会的建立很明显将村民会议或村民代表会议的地位与功能突显出来，将广大民意突显出来，让村级公共权力在接受广大村民的监督之中，自觉规范与约束自身的行动，真正做到权为民所用，从而增强了公共权力的合法性基础。

四、提升了村务民主监督的实效

原村民财务监督小组虽然具有监督职能,但是它的监督只是单纯地对村级财务实施事后监督,主要是对有关财务账目进行查阅与核对。与村民财务监督小组的监督功能不同,村务监督委员会对村务的监督是多方面的、全过程的,可以有效提高村务民主监督的实效。

首先,村务监督委员会作为一个常设机构,由若干专职成员构成,是专门的村级民主监督机构,使得村务监督由兼职变为专职,由专人做专业的事。其次,村务监督委员会对村务尤其是财务的监督是全过程的,变过去的事后监督为全程性监督。其中,事前实施超前监督,即参与村级财务管理的决策过程,对不合制度规定或不合民意的财务决策及时提出异议,提请村民代表会议就有关问题进行协商、表决。事中实施跟踪监督,即参与村务特别是财务决策执行的全过程,抵制不符合制度和民意的村务管理行为。事后进行检查监督,即做好事后每笔支出的审查和资产处置,重大投资行为的审查、督促,公开上墙公布等工作。这种全程性的监督能有效地避免事后监督的滞后性。[①]

村务监督委员会的全过程监督带来了重要收益。例如,截至 2013 年,后陈村村务监督委员会建立 9 年来,共计审核纠正不规范票据 42 笔,拒付不合理开支 3.8 万元,为全村增收节支 480 多万元。与此同时,通过村务监督委员会的监督,村庄治理转入有序轨道,创造了干部"零违纪"、村民"零上访"、工程"零投诉"、不合规支出"零入账"的"四零"纪录,并于 2005 年荣获了"全国民主法治示范村"等荣誉。在民主监督背景下,干群关系

---

① 卢福营、孙琼欢:《村务监督的制度创新及其绩效——浙江省武义县后陈村村务监督委员会制度调查》,《社会科学》2006 年第 2 期,第 103—104 页。

融洽和谐,村庄经济快速发展:村集体收入由 2004 年的 20 万元,增长到了 2012 年的 340 余万元。[①] 再如,湖北省咸宁市自 2014 年 10 月以来,全市各村监委会监督村级重大事务 826 次,提出意见和建议 1100 条,两委会采纳 716 条;监督党务、村务公开 1630 多次,发现问题 76 个,纠正问题 76 个;否决不合理决策 21 件,纠正村干部不廉洁问题 11 个;审计村级账务 5680 余万元:受到村民一致好评。

---

① 卢福营:《可延扩性:基层社会治理创新的生命力——写在后陈村村务监督委员会诞生十周年之际》,《社会科学》2014 年第 5 期,第 73 页。

第五章

后陈村村务
监督制度的局限与拓展

自村务监督委员会在武义县后陈村诞生以来，各地都不断创新与发展村务监督制度，形成了各具特色的村务监督模式。村务监督制度作为村民自治框架中的一个重要组成部分，通过分权制衡的方式，可以有效预防村级公共权力的滥用，有效减少村务管理中各种问题矛盾和村干部违法违纪现象，促进村集体的增收节支。但是，我们在看到村务监督制度创新与发展所带来的显著成效的同时，也应理性地看到村务监督制度在实际运行中还存在很多问题，还面临着诸多困境，优化村务监督制度还任重而道远。

第一节 村务监督制度的主要局限

村务监督制度在监督组织整合和监督制度优化基础上,推动乡村民主监督功能有序发挥。但是在实际运行过程中,村务监督制度在组织定位、组织构成、村民参与、组织保障等层面还面临很多困境,亟须解决。以下均以村务监督委员会为例加以说明。

一、村务监督组织的角色定位尚不清晰

虽然《村组法》对村务监督委员会的组织定位、组织关系和组织功能都做了相应的法律规定,但是从地方实践情况来看,村务监督委员会在制度运行中与制度设计还存在明显差距,村务监督委员会的定位尚需明确。

第一,基层干部对村务监督委员会的组织定位有待深化。主要体现在以下几个方面:一是基层政府过于看重村务监督委员会的群众性,认为群众性强于专业性,进而弱化村务监督委员会的价值。一些干部认为,当前村务监督委员会的成员不是专业出身,缺乏相应的财务知识,在村务监督过程中多是做做样子,走走形式,让村务监督委员会参与村务监督全过程,其实就是实现在程序上合法合规,让群众明白村务监督的结果即可,没有必要推进村务监督的专职化。二是部分村组干部认为村务监督委员会的民主监督功能在实际运行中会从协助两委工作异化为对抗两委工作,甚至认为村务监督委员会可能被村庄换届选举中落选的委员或别有用心的人变相利用,以村务民主监督的

名达到阻碍村两委民主决策的实，造成村级事务运转不顺畅，很多公共事务无法得到及时处理。尤其是在派系斗争较为严重的农村地区，村务监督委员会往往异化成为派系斗争的工具，成为各个派系在村两委和村务监督委员会方面三权之争的战场。三是部分村组干部认为村务监督委员会在法律地位上虽然与村两委平等，但是实际运行中，村务监督委员会往往处于弱势地位，民主监督地位存在不同程度的倒挂现象，存在"以小监大"问题，因此在履行监督职责时被动监督多于主动监督，监督自觉性有待提升。四是部分地区村务监督的事务较少，监督的频率较低，村务监督委员会缺乏实质性的影响，形式大于实质。这也会导致基层群众对村务监督委员"监督什么、如何监督、监督效果"认识不清，并质疑村务监督委员会存在的合理性和正当性，继而损害了村务监督的权威。

第二，村务监督委员会与上级组织、村级组织和其他监督组织之间存在掣肘因素，导致村务监督委员会运行不畅。首先，村务监督委员会与基层政府关系不顺畅。例如，有些地方村务监督委员会的统筹建设由乡镇（街道）党委负责，有些地方由纪检监察或组织部门负责，有些地方则由民政等业务主管部门负责。不同的统筹建设负责部门责权不同，往往导致对村务监督委员会在业务指导、调处救济等方面支持力度不同，村务监督委员会也会处于非均衡发展状态。其次，村务监督委员会与村级组织关系不顺畅。与村务监督小组不同，村务监督委员会具有与村级党组织和村民委员会同等的法定地位，但是在实际运行过程中，有些地方村务监督委员会往往被虚化，处于一种"虚置"的边缘状态。与此同时，村务监督委员会与村两委之间缺乏必要的联动机制，处于被孤立状态的村务监督委员会难以对村两委形成有效的权力制衡，民主监督很难做到横向到边。最后，村务监督委员会很难整合其他监督组织，形成监督合力。虽然《关于建立健全村务监督委员会的指导意见》中规定撤销村务监督小组或民主理财小组,并由村务监督委员会行使民主监督权力,但是在部分地区,村务监督小组或民主理财小组依然发挥重要的民主监督功能,从而导致村庄内部民主监督存在多头监督或重复监督的现象,村务监督无法形成监督合力,难以产生复合效应。

第三,村务监督委员会难以对村民小组组务形成有效监督。"行政村—村民小组—农户"是乡村社会的主要架构。目前,村务监督委员会主要针对行政村的村务进行监督,而如何对村民小组的组务进行有效监督,成为现实治理难题,这在村庄集体经济发达的东部沿海地区表现得更加明显。首先,村务监督委员会对村民小组事务监督缺乏法定依据。由于村组关系在法律上缺乏明确的界定,村组之间在事务处理上到底是隶属关系还是指导关系尚未明确,所以,作为村级组织的村务监督委员会自然很难通过村组关系对村组进行监督。其次,村务监督委员会缺乏对村民小组组务监督的资格。从产生上看,村务监督委员会由村民会议或村民代表会议民主选举产生,这就很难保证村务监督委员会的成员均等地分布在各个村民小组之中,倘若由较多的来自其他小组的监督委员会成员监督较少成员的村民小组事务,明显是不合理的。从产权结构上看,产权在村与产权在组是当前农村产权所有的主要形式,其中产权在组又是主要形式。产权的核心在于利益,利益相关性与民主监督效果之间往往存在正相关关系。所以,让来自其他小组的村务监督委员会成员监督该村民小组组务,虽然可以保持"第三方"的中立身份,但往往又因缺乏利益关联致使民主监督失去动力,最终导致村务监督流于形式化、表面化。

二、村务监督的组织架构尚不完善

组织架构是村务监督有效运行的基础。组织建构的完善程度与科学程度与村务监督的有效性密切相关。当前,村务监督委员会尚存在成员兼职监督、组织成员交叉任职、人员素质不高、结构不合理等问题，不同程度地影响着村务监督的实际效果。

第一，村务监督委员会的民主产生与监督效能存在张力。根据法律规定，村务监督委员会成员是由村民会议或村民代表会议民主选举产生，村务监督委员会主任一般由除村党支部书记之外的其他懂财会、晓管理的党组成员担任。这种民主产生的法律规定虽然赋予了村务监督委员会合法性地位，但是也与村务民主监督的效能存在悖论。首先，如果组织推荐的党员当选，从村级党组织领导核心地位角度出发，村务监督委员会主任自然要接受村级党组织的领导，这是无可争议的。但问题是，目前国家要求村级党组织书记与村主任实行"一肩挑"，在这种情况下，如何监督村民委员会就成为一个不得不面对的问题。其次，如果由村两委选举中落选的委员当选村务监督委员会主任，落选干部可能会出于自身失落心理，甚至是报复心理，在村务监督中形成所谓的反对派，进而可能影响村级公共事务治理的正常运转。例如，有些村干部反映，该村村务监督委员会主任因为不满自己在两委选举中落选，总是借各种理由拒绝在审核签批集体经济账目上签字，造成部分招投标工程搁置，最终损害了村庄集体利益。最后，民主选举很难保障具有专业知识的人员当选。民主的最大特质之一是结果的不确定性。如果具有专业知识的人员无法通过选举进入村务监督委员会，或者具有专业知识的人员不想进入村务监督委员会，这会大大降低村务监督委员会的专业性，进而影响村务监督的实际效能。

第二，村务监督委员会成员素养与能力存在短板。为了更好发挥村务监督委员会的民主监督功能，村务监督委员会成员一般要由遵纪守法、为人正派、敢于担当、专业能干、热情奉献与群众公认的人员担任。换言之，村务监督委员会成员一般要由具备威望和能力双重条件的人员担任。但是在实际运行中,很多村务监督委员会成员多少存在结构性问题。首先,村务监督委员会成员的年龄结构不合理。例如,铜都街道 50 名监委会主任中,50 岁以上 18 人,占 36％,35 岁以下仅 8 人,年轻力量补充不足,作用发挥有差异,一定程度上影响到监委会履职尽责。其次,村务监督委员会成员的学历层次不高。例如,拖布卡镇18 个村(社区),共 54 名村务监督委员会成员,大专及以上学历仅 5 人,占 9.26％;高中(中专)学历 9 人,占 16.67％;初中及以下学历 40 人,占 74.07％。由于文化水平偏低、政策水平不高,对有关法律法规、财务管理知识和上级文件精神学习理解不到位,履职能力较弱。

第三,村务监督委员会在组织设置上不合理。根据乡村干部和村民反映,目前村务监督委员会在组织设置上还存在两大难题:一是村务监督委员会成员多是兼职,时间难以保证,进而影响到村务民主监督的常态化运作。例如,在部分村庄,由于在村收入较低,村务监督委员会的部分成员迫于货币压力而外出务工,很难进行监督。还有些村庄,村务监督委员会成员由企业老板兼任,他们平时主要忙于自己企业的运转,进行村务监督时间相对不足。二是村务监督委员会成员存在交叉任职情况。有些地方将村务公开监督小组或民主理财小组升级为村务监督委员会,组织成员完全覆盖或部分交叉任职,这虽然有利于减少村级组织的运作成本,但是也会带来村务监督委员会独立性不足的问题,独立监督效果大打折扣。

三、村务监督的制度保障尚不到位

制度保障是村务监督有效运行的必要条件。然而实际中,村务监督委员会在责任义务、工资待遇、考核激励和学习培训等配套制度体系建设方面还不匹配。

（一）村务监督委员会的组织权责不对等

《村组法》（2018 年修正）第三十二条规定："村应当建立村务监督委员会或者其他形式的村务监督机构，负责村民民主理财，监督村务公开等制度的落实，其成员由村民会议或者村民代表会议在村民中推选产生，其中应有具备财会、管理知识的人员。村民委员会成员及其近亲属不得担任村务监督机构成员。村务监督机构成员向村民会议和村民代表会议负责，可以列席村民委员会会议。"这说明，村务监督委员会依法享有知情、质询、建议和审核等权力，并对村庄财务、重大事项决议和"三资"经营管理等方面进行民主监督。但是，在实际运作过程中，村务监督委员会往往存在权责不对等问题。例如，有些村庄的村务监督委员会成员过于强调监督权力而忽视了本应承担的责任，将基层群众委托给村务监督委员会的委托权力变为自身的占有权力，导致村务监督委员会的权力行使出现异化。因此，如何有效防止村务监督委员会的随意监督、监督不作为等乱象十分关键。

（二）村务监督委员会成员的薪酬待遇有待提高

目前，很多地区村务监督委员会主任及其委员待遇不高，且激励机制不健全，对应的却是工作时间不少，工作量不小，导致村务监督委员会成员工作积极性不高。例如，《广东省村务监督委员会工作规则》规定，将村务监督委员会成员补贴列入同级财政预算，其补贴按照村"两委"成员补贴标准的 1/4 计算，保证村务监督委员会正常履职，但是在村居层面村务监督委员会成员处于无薪、低薪或需要发放补贴的现状。云南省昆明市东川区城市社区监委会主任工资 2900 元/月，委员工资 600 元/月；村改居社区监委会主任工资 2100 元/月，委员工资 300 元/月；行政村监委会主任工资 1700 元/月，委员工资 50 元/月。可以看出,主任和委员工资差距大,城市和农村工资差距大,特别是行政村工资过低,又缺乏专项经费保障,导致行政村监委会委员工作缺乏积极性和主动性,更多忙于自身生计,甚至存在村级监委会委员不履职的现象,使得村务监督委员会工作流于形式。

(三)村务监督委员会考评制度存在短板

乡村干部对村务监督委员会的民意测评结果和对村务监督委员会的考评结果,不仅表现着村务监督委员会的实际工作绩效,也表现着基层民众对村务监督委员会的认可程度。然而,目前很多地方对村务监督委员会的考评还存在一些较为突出的问题:有些地方基层政府的考评制度体系尚未建立,或者由于缺少主管部门统筹组织,镇村层面缺乏对考核评估方案的具体落实;有些地方的考核评估制度的内容结构不够合理,在兼顾全面工作和突出重点工作的设计原则上需要强化;有些地方的考核评估结果应用体系没有跟进,考核评估结果对于村务监督委员会工资补贴和组织发展方面难以形成制度激励和机制约束。[①]

(四)村务监督委员会成员培训有待健全

主要表现在:一是村务监督委员会业务培训投入力度不高。一些地方纪检监察或组织部门存在缺位现象,致使村务监督委员会业务培训投入不够,学习培训效果不佳。尤其是在地方纪检监察或组织部门缺位情况下,村庄集体经济较为薄弱的村庄,很难依靠村庄集体经济加以支撑,村务监督委员会业务培训长期处于空白状态。二是村务监督委员会业务培训非常态化较多。有些地方村务监督委员会业务培训不仅频次很少,而且往

---

① 姜胜辉:《村务监督委员会:生发机理、运行困境与路径选择——以广东省佛山市为例》,《山西农业大学学报》(社会科学版)2019年第4期,第62页。

往带有突击性、临时性色彩，临时安排的业务培训与村务监督委员会成员的农忙时间相冲突，导致学习培训的效果不佳，持续性影响不强。三是培训内容过于单一化。有些地方在业务培训内容上更加侧重于法律知识和政治纪律，具有实操性的业务知识培训不够，业务专业性与实际操作性不强，不利于村务监督委员会成员的素质拓展。四是培训的内容缺乏类型化。中国农村的最大特征就在于裂变性和差异性，不同地区农村社会存在很大差异，甚至可以说是千差万别，多彩多样。所以才有"一方水土养一方人"之说。这也就要求培训过程中要根据地理区位、经济基础和现实需要进行差异性培训。但在现实培训中，往往存在"一刀切"现象，培训的差异性不足。

四、村务监督的民主参与尚不充分

村务民主监督不仅强调监督，而且注重民主。广大村民积极参与村务监督不仅可以为村务监督提供直接的力量，而且是村务监督得以延续的重要资源。所以，村民的充分参与是不可或缺的。但是在村务监督实际运作过程中，基层群众的民主参与的深度和广度还有待提高。

（一）村民的监督作用未能充分发挥

首先，广大村民对村务监督委员会的认知还处于感性状态，对村务监督制度的运行还不够熟悉，甚至有些村民还将村务监督委员误认为是村级党组织的下设机构。这种不准确或不正确的认知，使得村民手中的权利没能转化为监督的动力，如何正确行使监督权利成为重要难题。其次，广大村民的民主监督还会受到乡村社会特质的影响。从监督对象上看，村务监督的对象是同村的乡亲熟人，村民难免会产生顾及情面，消极监督的状况。这是我国乡土社会的熟人特性所带来的一个较难避免的消极影响。再次,作为村民参与村务监督重要途径的村民代表会议虽然在一定程度上能起到组织村民力量参与监督的作用,但由于其召开受较多条件限制,并且村民参与村民代表会议的积极性不高,村务监督在现实中所发挥的作用也较为有限。最后,有些地方的村务监督制度对村民保护力度不足。例如,对村民参与监督后的保密和保护工作缺乏必要的、详细的说明,导致村务监督中一些不愿公开身份的村民身份暴露的情况时有发生。在"枪打出头鸟"的传统观念中,民主监督权利往往会演变成秋后算账的结果,同时又会产生所谓的"鹤立鸡群"效应,进而使监督者疏远了与其他村民的关系,为村民积极参与监督蒙上了阴影。

(二)监督主体的精英导向明显

《村组法》(2018 年修正)第三十二条规定,村务监督委员会成员由村民会议或者村民代表会议在村民中推选产生,其中应有具备财会、管理知识的人员。这一规定既坚持了村民自治的原则,又体现了监督主体的精英导向,即村务监督委员会等监督机构的当选成员多为村民认为有能力、有勇气、有责任的精英。村民将民主监督权利委托给能人精英,相信他们有能力也有责任为村民谋福利。因为与普通村民相比,这些能人精英往往由于自身能力的优势,能够更快速、更准确地认知事件本质,并在监督事务中使其过程更符合积极的价值观。当然,这种精英导向的民主监督也会存在一些问题:一方面,精英具有自我意识强烈的特点,这种特质使得他们能够坚持自己的想法而不放弃最终实现目标,这会在村务监督工作中产生负面影响。村务监督委员会是一个团队,是一个组织,需要所有成员同共行使民主监督权利,形成监督合力。换言之,村务监督委员会成员的团结一致直接关乎监督效率的高低。而能人精英自我意识强的特点使得处理问题时各有各的想法,其意见相左,产生内耗的情况极易发生，导致村务监督委员会在如何整合力量的问题上存在着巨大挑战，如何处理好"一山多虎"的局面，团结一致，有效监督是个难题。另一方面，村两委在村务运作的过程中所拥有的权力由来已久，而以村务监督委员会为代表的村务监督机构则继村委会和村支部后成为第三方势力。作为村务监督机构的精英成员由于本身的特质，更易遵照自己的利益与意愿和制度设计产生偏离，村务监督委员会极易快速成长为广大村民与村两委以外的独立利益集团，与村两委形成妥协或是对抗关系，而这都将使村民方受到损害。

（三）民意表达不顺畅

首先，民意表达渠道不通畅。村民参与监督需要多元的畅通的渠道。当制度化渠道不够顺畅时，非制度化渠道就会启动，其中上访就是一个典型方式。村民上访往往是由于村务监督机构在收集民意这一步骤上工作做得不够，民意表达渠道不畅通，没能给予及时的疏通与回应，从而使村民采取越级向上级政府反映这种形式。其次，民意表达理念不准确。部分村民参与民主监督并不是以村庄有序运行、改善自身环境为目的，而仅仅是因为被监督方和自身有仇怨，抱着抓住对方小辫子的心态参与监督活动。因此，这类村民参与监督活动中往往伴有添油加醋甚至污蔑诽谤的状况，以监督为幌子从而满足自身私利。同时，还有些村民习惯于"大闹大解决，小闹小解决"的思维方式，遇到问题往往通过传统的上访等方式去解决，因而其消极监督，热衷上访的做法依然存在。最后，民意表达被曲解。由于目前村务监督机构成员多局限于精英层面，村民原本朴实简单的想法在表达与传递的过程中会存在被有意或无意曲解的风险。一些有意无意偏离的存在让村民不易有批评的机会，对监督结果的不满很难通过监督后的反馈机制提出，将极大打击到村民参与监督的积极性。

五、村务监督的精准度尚存不足

精准化是实现监督有效的重要方式。随着农村社会的发展和国家宏观政策取向的改变，村务监督委员会监督的精准化成为必然要求。但不可否认的是，目前村务监督委员会制度依然存在着一些问题，特别是迅速变动的农村社会与相对滞后的监督制度发生了矛盾，影响着村务监督委员会监督的精准度和有效性。

（一）村务监督的针对性不强

随着农村经济社会的不断发展，中国农村已经发生或正在发生着多元化的分化，经济分化带来社会分化，社会分化又带来政治分化，由此形成了多样化的村庄格局。例如，作为村务监督委员会发源地的武义县，村庄社会结构也发生了重要变化。在武义县，有的村庄是传统的农业村，有的村庄则是现代的工业村、集镇村，还有的是处于二者之间的过渡村；有的村庄是人口大量外流的空壳村，有的村庄则是外来人口的集中村；有的是工程建设的集中村，有的则是移民安置村；等等。不同的村庄，有着不同的需求，也面临着不同的村庄事务。同时，即使是同一个村庄，村务也具有不同类型，并且在不同时期所面临的村务工作重点、基层群众所关心的焦点也会有所不同。这些不同其实都意味着村务监督的差异性。即对于不同时期不同类型的村务需要采取不同的监督方式。但是在村务监督实践中，虽然各地都有创新与发展，但总体上都注重村务监督的一般性，而对村务监督的特殊性重视不足，实践中村务监督委员会没有实行分村、分事、分时的差异化监督，进而造成村务监督的针对性不足，影响了村务监督的精准度，损害了村务监督和基层治理的有效性。

（二）村务监督的碎片化相对严重

村务监督是一个复杂的系统工程,涉及多个监督力量。例如,在村庄层面,除了村庄内部的村务监督委员会外,还有村级党组织的纪检委员、村庄合作社社务监督委员会。同时广大的基层群众也具有相应的知情权、监督权。在村庄外部,纪检、监察、检察、行政、法院、审计、监理等也有权介入村务监督和考核督查。可以说,村务监督存在"上面千条线、下面一根针"的现象。目前,这种多元的监督力量尚缺乏有效的整合,存在各顾各的监督方式,导致村务监督叠加化和碎片化,给基层带来不必要的负担。对此,有的村干部抱怨说:"现在的监督太多,对于村务,不仅村民要监督,上级也要监督;不仅行政要监督,法律也要监督;不仅审计要监督,工程监理也要监督。有些监督是重复的,只是部门不同。"与此同时,有些地方为了促使村务监督更加程序化与规范化,设计出了一些相对复杂和烦琐的监督流程。这种做法虽然在形式上达到了精细化,但是在实践中却过于繁杂,从而造成实际监督的低效率。例如,村庄社会中的很多事务都是比较具体的、细碎的,但有些村庄规定,无论金额多少,票据都要经经手人、证明人、村书记和村务监督委员会主任四个人签字才能报销。所以,有些村干部为了不麻烦,小金额的费用干脆自己掏腰包。诸如此类的精细但不精致的村务监督流程,不仅增加了村民办事的成本,而且增加了村干部做事的难度。

第二节　村务监督的未来拓展

由中共中央办公厅、国务院办公厅印发的《关于建立健全村务监督委员会的指导意见》明确指出,要全面贯彻党的十九大精神,以习近平新时代中国特色社会主义思想为指导,认真落实党中央关于全面从严治党、加强农村基层组织建设的部署要求,建立健全村务监督委员会,进一步加强和规范村务监督工作,切实保障村民群众合法权益和村集体利益,促进农村和谐稳定,夯实党的执政根基。这对我国村务监督的未来发展提出了要求,也指明了发展方向。结合当前村务监督存在的主要局限,还需要从以下方面发力。

一、理顺村务监督组织体系关系

(一)深刻理解村务监督委员会的组织定位

浙江武义后陈村的村务监督委员会建设和发展的实践与探索能够上升为国家法律和国家意志,充分证明了村务监督委员会对于转型时期中国基层乡村自治制度与基层治理的作用;同时,只有理解村务监督委员会的定位才能充分发挥这一机构在新时代中国特色社会主义建设进程中,在实现"两个一百年"的战略目标中扮演的角色。

众所周知,中国的基层民主自治制度发端于改革开放之初,其面临的主要任务一是组织群众发展生产,恢复被"文革"破坏的基层组织体系,二是在改革的过程中,通过基层民主的方式充分调动群众参与中国特色社会主义建设的积极性。从改革开放四十多年的探索和实践来考察，基层民主自治制度的这两个目标基本实现。基本实现的意思是其中也存在不可忽视的一些问题，尤其是村级公共事务的监督问题，基层群众的意见非常大。浙江武义后陈村的村务监督委员会正是应运而生、应时而生、应实践问题而生的中国探索和中国经验。村务监督委员会的出现，不仅进一步完善了基层民主自治制度，而且对于国家监督制度的改革，也具有相当的借鉴和探索意义，我们需要从这个政治高度理解村务监督委员会的定位。从这个政治高度出发，无论是基层政府，还是基层民主自治的主体"村两委"和广大村民，对于村务监督委员会的日常运作都要持理解、支持的态度，从理论认识、思想观念、日常运维等方面不断提升自身对这一制度的理解，对村务监督委员会工作的支持。只有如此，才能真正实现十九届四中全会提出的党委领导、政府负责、民主协商、社会协同、公众参与、法治保障、科技支撑的社会治理体系，并构建基层乡村人人有责、人人尽责、人人享有的社会治理共同体。

在这个治理共同体中，与村务监督委员会相关的治理主体包括基层政府、村两委、普通村民等。对于村务监督委员会的定位和认识，必须首先让这三个主体清楚认识到村务监督委员会在发挥基层民主、巩固党在乡村中的地位、完善基层民主制度中的地位与作用。首先，基层政府对村务监督委员会的地位和用途要有清晰的认知。当前，许多地方的基层民主制度因为城市化进程的加快、合村并乡等，发生了许多新变化，随之也产生了许多新问题。这种变化最主要的表现就是村党支部主要负责人和村民委员会主要负责人开始从基层政府手中领取补贴，并逐步像政府工作人员一样，开始坐班化。这也是国内部分研究基层民主制度的学者所称的村级行政化。笔者调查时经常发现，基层政府的工作人员认为，既然"村两委"负责人拿了政府的钱，就要听政府的话。随之，"村两委"就成为基层政府的腿和脚，从法律规定的协助基层政府变为在基层政府的行政命令下做事。这样既不利于基层民主制度的进一步发展，也无法为村务监督委员会发挥监督功能创造合适氛围和环境。因此，新时代的基层民主制度的完善需要改变基层政府的工作人员对基层民主制度包括村务监督制度的认识和观念。

除了需要改变基层政府工作人员的认识和观念外，还需要改变村组干部的思想观念。笔者调查时发现，部分村组干部对村务监督有着错误的认识。部分村组干部认为村务监督约束了他们干事创业的手脚，他们想干的事情因为村务监督经常干不成。然而，也有相当部分的村组干部非常欢迎和支持村务监督的工作。在其中，就是部分村组干部的认识出了问题。新时代，群众的参与是基层民主建设的重要内容。而村务监督就是群众充分发扬民主，实现参与的重要途径和方式。因此，需要通过大力宣传、培训等途径和渠道，改变部分村组干部对村务监督的错误认识，使他们深刻认识到村务监督不仅是基层民主的重要内容，通过过程监督可实现共建共治共享，而且是保护村组干部，使他们时刻接受监督，时刻保持警醒，保持清廉，保持对公权力的敬畏的重要途径和方式。

另外，还要改变普通村民和村务监督委员会成员的认识。普通村民最大的认识误区在于村务监督只是走过场，不会有实质功能。笔者调研时，部分群众就持如此看法。然而，村务监督在设计时，就已经通过各种途径保障了村民的知情权、质询权、审核权、建议权、调查权等，因此是实实在在的民主权利。权力只要放置在监督的阳光之下，就会健康地运行。普通村民的知情权、质询权、审核权、建议权、调查权就是一种实实在在的监督和制约。它能够保证基层民主自治制度的健康和良性运行。同时，村务监督委员会成员对于村务监督地位与作用的认识也需要不断提升。村务监督如果切实发挥了功能，就能够获取最大程度的民意认同，获得最广泛的村民支持，同时也能切实保障村民的实际利益,争取村民的积极参与,捍卫村民的合法权益。另外,对于巩固党在基层的执政地位,争取党执政的合法性也有着切实的帮助。

(二)理顺村务监督委员会的组织体系

作为基层民主制度的重要组成部分,同时也作为村民自治架构中的重要环节,理顺村务监督委员会与村民自治其他机构之间的关系,健全和完善村级权力运行机制,是村务监督委员会工作得以正常开展的基本前提。

首先,需要理顺村务监督委员会与基层政府纪委和监委之间的关系。纪委和监委作为党委和政府的重要组成部分,在党组织和政府部门的正常运转中起到非常重要的监督作用。可以说,党组织和政府部门如果离开纪委和监委的监督,就有可能产生非常严重的后果。村务监督委员会在村级架构中也起到类似基层政府纪委和监委的功能和角色。但要注意的是,基层政府纪委和监委的功能和角色是宪法规定的,而村务监督委员会则是村民自治制度下的一种运作,宪法对于村务监督的过程、监督的内容、监督的体系等并无明确的规定。村务监督的过程、内容、体系需要各地根据自身实际情况,进行符合各地实际的规定。在注意到二者的区别的同时,我们还要注意村务监督作为基层监督的一种方式,既可以借鉴基层政府纪委和监委的监督过程、监督内容、监督体系,同时基层政府纪委和监委也可能为村务监督委员会的运作提供相应咨询、支持和帮助。

其次,村党支部和村民委员会与村务监督委员会的关系也要理顺。在村级组织架构内部,这是最为重要的。当前,全国各地正在纷纷推行村级组织负责人"一肩挑",浙江已经在全省推广这一做法。村级党组织作为全面领导村级事务的机构,是党在基层的战斗堡垒,是党的执政根基和神经末梢。村级党组织离群众最近、与群众最亲,最了解群众所思、所想、所盼。因此要充分发挥村级党组织的引领作用,使村级党组织设置更加科学优化、村级领导班子更加坚强有力、场所功能更加务实管用,不断提升村级党组织在群众中的影响力、组织力和号召力,切实让村级党组织为村级治理把好方向掌好舵。在把好方向掌好舵的同时,村级党组织要对村务监督委员会的工作给予指导、支持,还要听取村务监督委员会的工作汇报、述职等,并认真处理村务监督委员会反映的村级内部事务的相关问题,如果村党支部处理不了,要将问题及时向基层政府汇报,取得基层政府的支持,争取基层政府的协助,处理好村级相关问题。村民委员会和村务监督委员会在村级组织架构内属于平级组织,二者组成人员不能相互兼任,这是村务监督的基本原则。尽管如此,村务监督委员会依然需要支持、监督村民委员会的工作。通过对村民委员会的日常工作的监督保证村级公共事务的公正、透明。

最后,还要处理好村务监督与其他监督方式的关系。村务监督委员会成员只是村民选举出来的一些代表,他们代表村民对村级公共事务进行日常监督。然而,村级公共事务的正常开展首先要通过"五议两公开"的村级事务决策程序,然后村务监督委员会与村民代表、普通村民一起监督村级公共事务的运作,保障村民的公共利益和共同利益。同时,要区分清楚村务监督和村级财务监督的关系。财务监督作为村务监督的重要组成部分和内容,是村务监督委员会工作的一部分。然而,对二者的职责进行区分也有必要。村级财务监督可以在村级公共事务财务支出前进行,村务监督委员会负责财务支出过程和财务支出之后的审核,包括各种工程款项的审核、工程质量的审核等等。

二、强化村民自身监督,构建多元监督力量联动机制

当前,随着城市化进程的逐步加快,乡村人口大量涌入城市并在城市就业和定居。原有的村级组织设置经常处于瘫痪状

态,比如村民会议就处于这样一种状态。作为自治组织,村民会议是村庄公共事务的最高决策机构。然而,当前绝大部分村庄的村民会议根本无法召集起来,更不用提村庄公共事务的决策了。在这种情况下,村民代表会议事实上就成为村庄公共事务的决策机构。然而,村民代表会议决策之后的村级公共事务依然需要有完善的监督。此刻,村务监督事实上就处于村级监督的核心。但在村务监督正常运转的同时,我们需要想方设法重新激活村民会议的监督功能。因为村民会议才是广大村民发挥参政议政作用、强化对村级公共事务监督的最主要渠道。

在发挥村民会议监督功能的过程中,村务监督因为事实上和村民会议监督在功能上有重叠,因此可将村务监督委员会设置为村民会议的常设监督机构,并由村务监督委员会负责召集村民会议。如此村民监督和村务委员会的监督功能就合二为一,村民可以提请村务监督委员会适时召开村民会议,决策村级公共事务。这样分散了村民委员会的权力,事实上也对村民委员会起到了监督作用。从合法性层面而言,也部分解决了作为执行机构的村民委员会负责召集作为决策机构的村民会议的法律层面的尴尬和困境。

在发挥村民会议监督功能之外,还需要不断完善村庄的罢免权的制度设计。然而,作为村民在基层民主自治制度框架范围内行使监督权的最后保障,罢免权的重要性又要求这一制度必须成为最后的屏障。尽管如此,我们很少看到或听到村民行使罢免权。村庄因为是熟人社会,大家低头不见抬头见,因此罢免制度的设计一直处于要么没有相关制度规定,要么有制度而无法得到顺利执行的局面。笔者调研时曾经遇到村民反映,他们不知道罢免的相关事项,包括罢免向谁提出申请、谁来受理、罢免程序如何进行、谁来主持罢免及罢免的时效性等问题。对于村民反映的这些问题,笔者查阅了相关法律规定,也请教了相关专家,现行法律对此并没有明文规定,相关专家也无法确切回复笔者的问题。为了保障村民的合法权益和利益，罢免制度的进一步完善不可避免。包括赋予村务监督委员会和基层政府罢免主体资格，尤其是村务监督委员会作为罢免主体的资格。同时，还要从程序方面规范罢免的程序。包括村民向村务监督委员会提请罢免，村务监督委员会首先需要对合法性进行审查，如果罢免申请不符合法定条件，村务监督委员会退回申请，不予受理。如果符合法定条件，村务监督委员会负责受理，并成立相应调查组进行调查，且将调查结果及时、公开、透明地向群众公布，让村民监督。此后，再由村务监督委员会主持召开罢免会议，将罢免权交由民众来行使，半数通过即为罢免。只有如此，村民会议的功能才能真正发挥，村民监督的功能也才能落到实处。

在充分发挥村民监督、村民会议监督的基础上，还要构建多元监督力量的联动机制。毕竟村民监督、村民会议监督、村务监督只是村庄内部的监督。在中国的土壤上，村庄内部的监督始终处于熟人社会的逻辑中，每个人和别人都会有千丝万缕的联系，因此要达到彻底的监督可能性比较小，这个时候就需要发挥外部监督的作用，以杜绝村庄内部监督的不彻底性。在发挥村庄外部监督的力量中，最主要的，一是基层政府对基层自治的监督，二是其他社会组织力量对村庄公共事务的监督，三是国家监督执纪机关的监督。只有内部监督和外部监督相互配合，才能最大限度地保障村民的权益，保障村庄的公共利益不受侵害。

基层政府对基层村民自治的监督在当前的法律文本中体现为指导。因为指导，以前基层政府对村庄公共事务干涉不多，然而发展到今天，基层政府早已经从以前的"收费收税、计划生育"的角色转换为公共服务提供者的角色，也就是说基层政府掌握了村庄所需资源的分配权。基层政府尽管在法律层面对村民自治是指导关系，但基层政府可以通过资源分配的方式诱导、说服村庄跟着基层政府的导向走。在这个过程中，基层政府发挥其对村庄公共事务的监督功能是必须的，也是不可避免的。基层政府对村级公共事务监督的范畴也需要通过法律法规方式进行明确，即加强基层政府对村级组织负责人在村级组织选举、村级事务决策、村级事务管理、村级事务监督及村级治理等方面的监督和考核，避免出现监督过度或监督缺位。在基层政府对村级公共事务监督的过程中，基层政府自身的监督能力和监督水平、监督意识也需要与时俱进。包括明确基层政府对村级治理的权力清单，通过清单督促基层政府履行监督职责；增强基层政府为村庄服务的能力和意识，通过服务不断增强基层政府在村庄的影响力和号召力。

除了基层政府的监督外，当前市场经济中兴起的各种社会组织也能对村级公共事务进行监督。社会组织是依法治国中最为重要的力量之一，社会组织参与监督既是公民参与基层社会治理的重要平台，也是村民发挥主体作用的重要途径。《乡村振兴战略规划（2018—2022 年）》和《关于实施乡村振兴战略的意见》中都明确提出工会、妇联、共青团等群团组织参与村庄治理，而且要求培育与农村生产生活性质相匹配的服务性、公益性、互助性之类的农村社会组织，使其参与村庄的社会治理。社会组织作为一种有组织的监督力量，具有专业化、规范化、常态化的特点，与其他监督形式相比更能实现对村务的全面、专业、高效的监督。

党的十九大报告指出，要深化国家监督体制改革，推进反腐的立法工作，强调在全社会以法治思维和法治方式开展国家反腐败工作，将权力关进制度的笼子里。第十三届全国人民代表大会于 2018 年 3 月 20 日通过了《中华人民共和国监察法》，这一法律明确各级监察委员会行使国家监察职能，依照法律规定行使监察权，对所有行使公权力的公职人员进行监察监督等。按照这一法律规定，监察对象的标准是"公权力、执行公务、公务身份"，在基层民主自治组织中从事管理的人员正好属于这一范畴。而且，当前村委会、基层政府和其他社会组织等共同构成了基层社会治理的主体，行使管理社会事务的公共权力。因此，《中华人民共和国监察法》第十五条第五款将基层群众性自治组织中从事管理的人员纳入了国家监察范畴，加强了对村级公权力的外部监督。

三、强化村务监督的制度保障

在当前的农村基层社区中，村级经济股份合作社的相关资金、资源和资产的经营管理不规范以及村务财务公开不到位和村组干群互动难开展等成为农村社区治理面临的普遍问题，村务监督委员会制度可以说是极具中国特色的一种制度性探索。在提高农村集体资产财务监督制度化水平，防止集体资产资源流失方面，村务监督委员会起到了非常重要的作用。同时，村务监督委员会制度作为对基层群众的"需求—回应"，在强调权力制衡和权力监督的同时，突出了信息公开、阳光权力等对农村基层社会治理的促进。从这个角度而言，村务监督委员会能够起到表达民意诉求方面的输入、反馈和输出功能。

然而，实践当中，村务监督委员会的组织保障问题依然未能得到彻底解决。作为一种制度，村务监督委员会的有效运行需要系统全面的制度保障。但笔者在调研中发现，全国各地的村务监督委员会在相关的责任义务、薪酬补贴、激励考核和学习培训等配套制度方面有待进一步完善。

首先，村务监督委员会的组织保障需要党委、政府部门协同共建，从政治层面保障这一制度的顺利推进。在村务监督委员会履职过程中，党委和政府各部门需要提高政治站位，从推进基层民主自治的高度推动村务监督委员会的工作。未来可由县（市、区）党委、组织或纪委监察部门统筹领导，提供政策支撑，保障村务监督在法律的框架内运作。同时，由于村务监督委员会需要涉及农村社区治理各个领域、各个层面的业务，县（市、区）

包括乡镇（街道）的农业、民政、金融等部门也需协同配合，在政策、制度、人才、资金等方面提供切实保障。

其次，做实乡镇（街道）、村共同联合的考核和评估。县（市、区）或乡镇（街道）由委办或府办牵头，组织财政、农林渔业局、乡镇（街道）其他相关部门协同参与，对村务监督委员会的建设和履职情况进行考核评估。考核的内容包括村务监督委员会成员贯彻中央精神、两个维护、四个意识的相关情况。考核结果可分为若干层次和等级，并用于对村务监督委员会成员的奖惩，形成对村务监督委员会成员的激励和约束机制。

最后，健全村务监督委员会成员的薪酬补贴制度。全国各地发展情况差别很大，各地可根据自身实际情况，制定相应的村务监督委员会成员的薪酬补贴制度。薪酬补贴制度必须详细规定补贴对象、补贴标准、经费使用范围、经费来源、补贴发放方式，从而使得村务监督委员会的运作具有切实资金保障。同时，也能充分调动村务监督委员会成员的积极性。另外，各地也可视经济能力，额外提供给村务监督委员会成员一些交通补贴、通信补贴等，提高村务监督委员会成员的监督积极性。

第三节 村务监督、基层治理现代化与中国道路

国家治理的根基在于基层,国家治理现代化的重要路径是基层治理现代化。治理现代化需要相应的制度加以保障,这也就是十九届四中全会如此重视制度建设的重要缘故。有效的制度不仅可以规范基层治理现代化的方向,而且可以推动基层治理现代化持续发展。村务监督制度作为基层群众的一项制度创新,通过提炼与总结上升为国家制度,改变着基层社会治理结构,推动着基层治理走向现代化。可以说,村务监督制度虽然微观,但却可以折射出中国特有的基层治理现代化的发展道路。

一、村务监督与基层治理

2019 年中央一号文件明确指出,全面建立健全村务监督委员会,发挥在村务决策和公开、财产管理、工程项目建设、惠农政策措施落实等事项上的监督作用。村务监督委员会是在村党支部和村委会之外设立的一个相对超脱的权力监督机构。它与村委会之间彼此独立,互不从属。用当时武义县委主要领导的话说,就是要在农村扶持一股监督力量,对村级权力形成制约机制,改善农村基层的政治生态环境,维护农村社会和谐稳定。

更重要的是,在村党支部领导下,实行村务管理权与监督权

分离的工作模式。村委会依照管理制度管理村务,村监委会依照监督制度实行监督。大家都按照制度办事。村监委会对村级事务有建议权,而无决策权。决策权在村党支部领导的村民代表会议手上。由此构建起村党支部是领导核心,村民代表会议是决策机构,村委会是执行管理机构,村务监督委员会是村务监督机构这样一个闭环系统。

2010 年,全国人大常委会修订《村组法》,吸纳了武义县后陈村的创新做法,明确规定"村应当建立村务监督委员会或者其他形式的村务监督机构",揭开了我国建立村级监督组织的崭新一页。新修订的《村组法》颁布实施后,我国农村基层组织载体日益健全,实践内容不断丰富。2017 年末,中共中央办公厅、国务院办公厅印发了《关于建立健全村务监督委员会的指导意见》(以下简称《指导意见》),要求各地区各部门结合实际认真贯彻落实。该《指导意见》提出,建立健全村务监督委员会,对从源头上遏制村民群众身边的不正之风和腐败问题、促进农村和谐稳定,具有重要作用。

村务监督委员会在运转过程中,全面加强了对村级公共事务的事前、事中、事后监督,同时对涉及村级公共事务的重大问题,全国各地还纷纷出台和启动村务监督的各种会审及评审制度。例如,浙江省台州市纪委、监委就出台制度规定有关村务监督重大、复杂、疑难事务由乡镇(街道)纪(工)委主持召开村务监督委员会主任会议进行二次会审,确保村级公共事务的相关问题得到公正、公开、公平的解决。村务监督委员会在全国的普遍推行带来的村级财务公开、决策公开、重大事务公开意味着具有中国特色的基层乡村治理新模式的逐步成型,同时村务监督委员会也进一步完善了改革开放以来逐步形成的基层民主自治制度,将矛盾化解在基层。由此,我们可以得出结论,村务监督委员会的建立,不仅弥补了改革开放之后,基层民主自治中的村务决策监督、管理方面的制度性、结构性缺陷,而且改变了村"两委"领导既是"运动员"又是"裁判员"的状况,解决了村级民主监督缺位、失位、错位的问题。以村党组织为领导核心,以村民会议和村民代表会议为决策议事机构,以村民委员会为管理执行机构,以村务监督委员会为监督机构的村民自治组织在中国基层已经基本形成。这是中国乡村振兴过程中,以治理促稳定,以稳定求振兴,以振兴推改革的改革、发展、稳定三者关系的新时代实践。这三者的关系在中央历次农村工作会议和一号文件中都有体现,尤其是党的十八大以来,关于治理与振兴的关系更加凸显。

中办、国办印发的《乡村振兴战略规划(2018—2022年)》第八篇专门就"健全现代乡村治理体系"做出安排。第二十六章第一节就涉及"深化村民自治实践"的问题:"加强农村群众性自治组织建设。完善农村民主选举、民主协商、民主决策、民主管理、民主监督制度。规范村民委员会等自治组织选举办法,健全民主决策程序。依托村民会议、村民代表会议、村民议事会、村民理事会等,形成民事民议、民事民办、民事民管的多层次基层协商格局。创新村民议事形式,完善议事决策主体和程序,落实群众知情权和决策权。全面建立健全村务监督委员会,健全务实管用的村务监督机制,推行村级事务阳光工程。充分发挥自治章程、村规民约在农村基层治理中的独特功能,弘扬公序良俗。继续开展以村民小组或自然村为基本单元的村民自治试点工作。加强基层纪委监委对村民委员会的联系和指导。"按照中央的要求,加强农村群众性自治组织是不可动摇的方针。但要完善农村民主选举、民主协商、民主决策、民主管理、民主监督制度,其中村务监督委员会就是民主管理和民主监督的最重要的一环,同时也是基层治理不可或缺的结构。可以说,村务监督既是推进乡村振兴的重要抓手,同时也是基层实现良法善治的重要保障,村务监督将具有中国特色的社会治理大大向前推进了一步。

二、村务监督与治理现代化

改革开放之初,随着农村人民公社的解体和基层乡镇政府的成立,经过探索和实践,基层出现了村民委员会的雏形。国家迅速总结全国各地出现的有关村民委员会的实践做法,并将这些实践总结提升为国家层面的制度,基层民主制度由此发端。经过几十年的发展,从全国各地村民自治实践来看,民主选举、民主决策、民主管理制度相对成熟,但民主监督仍较为滞后和薄弱,无论是在理论讨论还是实践操作层面,全国普遍存在基层民主"重选举、轻监督,村务监督重形式、轻实效"等等问题。同时,一些地方在农村改革和发展过程中出现了许多不容忽视的矛盾和问题,这些问题部分是由民主监督缺失引发的。民主监督的缺失既滋生了基层村务的腐败,又侵犯了农民群众利益,进而造成了基层干群关系的紧张。

因此,无论是对于当时武义后陈村的广大村民和党员干部来说,还是对于当时的浙江省委组织部、省民政厅的诸多分管实际工作的同志而言,大家充分认识到,只有在村级自治组织架构中建立健全权责明晰的监督组织,对村务决策、执行、管理等环节进行全方位的监督,使广大村民充分行使民主监督权利,才能确保农村基层干部正确履职,有效地从源头上预防和遏制腐败现象的发生,推动农村各项事业的发展。同时,作为基层民主制度的创新,应以不偏离村民自治和基层民主发展的基本目标为前提。村务监督委员会制度作为一项村级民主监督的制度创新,其直接目的在于改变农村中由干部违法乱纪等导致的混乱现象,促进农村社会和谐与发展,它是村级民主监督的具体实现形式和制度创新,是符合并促进村民自治和农村基层民主的创举。

在城乡统筹和一体化发展进程中,社会转型已经成为当前中国社会发展的主线。全国各地农村社区发展也面临着来自群众的公平诉求、民生权利保障等的巨大压力:一方面,在工业化、城镇化的背景下,城乡之间要素资源双向流动频率加深加快,必须正视城乡利益格局调整、农村社会变革和农民思想观念变化等问题,不断完善基层治理机制;另一方面,基层治理是经济持续健康发展的可靠基石,因此,挖掘农村内部的增长潜力,加快构建与经济社会发展相适应的基层治理体系,对于促进浙江经济转型具有重要的支撑作用。然而,以村民自治为核心的基层群众自治制度,面对这些问题,无论从理论还是实践层面来看,都还存在不少有待探讨的问题。各种社会元素、城乡要素发生重大变动,基层农村社区治理的问题也显得更加突出。随着城镇化的不断提速,全国各地的基层农村社区治理也面临着人口空心化、治理主体虚化等矛盾和问题。此外,农村社区治理主体的治理边界问题,农村发展中治理能力、制度科学化水平等的不足,村民自治中多元主体的冲突、管理中的多元互动机制等问题以及新的社会力量的崛起等问题需要我们从理论和实践层面加以解决。近年来,全国各地包括浙江纷纷进行符合各地实际的探索,也先后出台一些比如《关于创新基层社会治理的若干意见》《关于加快推进"三社联动"完善基层社会治理的意见》等等文件。这些文件的出台,为各地加快构建政府治理和社会调节、居民自治良性互动的基层社会治理体系提供了重要的指导。

党的十九届四中全会提出国家治理体系和治理能力现代化的议题,做出《中共中央关于坚持和完善中国特色社会主义制度　推进国家治理体系和治理能力现代化若干重大问题的决定》(以下简称《决定》)。《决定》指出:"实践证明,中国特色社会主义制度和国家治理体系是以马克思主义为指导、植根中国大地、具有深厚中华文化根基、深得人民拥护的制度和治理体系,是具有强大生命力和巨大优越性的制度和治理体系,是能够持续推动拥有近十四亿人口大国进步和发展、确保拥有五千多年文明史的中华民族实现'两个一百年'奋斗目标进而实现伟大复兴的制度和治理体系。"基层民主制度作为制度优势在这一文件中被提出来，并得到进一步加强："健全充满活力的基层群众自治制度。健全基层党组织领导的基层群众自治机制，在城乡社区治理、基层公共事务和公益事业中广泛实行群众自我管理、自我服务、自我教育、自我监督，拓宽人民群众反映意见和建议的渠道，着力推进基层直接民主制度化、规范化、程序化。"这一《决定》对于基层群众自治制度的论述，显然包含村民自治的内容。

基层群众自治制度作为推进治理体系和治理能力现代化的重要环节，其治理路径显然极具中国特色，而非西方意义上的治理。这也充分体现出治理体系的现代化不能照搬照抄西方模式，我们必须借鉴人类文明的优秀成果，借鉴西方在市场发展过程中的一切优秀人类文明成果，包括治理体系和治理能力的现代化，但又必须体现中国道路、中国特色。包括村务监督在内的基层群众自治制度显然是体现中国道路、中国特色的探索与实践。村务监督的实践充分体现了"法治""自治"与"共治"的有效统合，是中国基层治理现代化的必由之路。

三、村务监督与中国道路

良好的乡村治理是实现乡村振兴的有力保障，也是推进国家治理体系与治理能力现代化建设的重要基石。只有充分调动村民的积极性，赋予其更多的自主性，让村民参与治理、分享成果，实现真正意义上的自我管理、自我监督，才能真正发挥农村基层群众的力量，走出一条具有中国特色的基层民主道路。当前，城乡社区快速转型，通过村务监督稳固村民自治的主体基础；理顺地方政府、村级组织及自治组织等之间的关系，明确自治组织的权力基础；健全多元化的监督机制，完善组织有序运行的监管基础。这是走出一条具有中国特色的基层民主道路的关键三招。

首先,基层群众自治制度的巩固需要村民作为主体参与,提高村民的参与意愿需要有居住地相近的、享有共同利益的、一定规模的村民作为基础。因此,需要加快培育农村各类新型涉农经营主体、新型职业农民、农业生产性服务组织以及其他乡村社区组织,并使上述主体和组织成为农村社区自治的主要力量。同时,要加快推进户籍制度、农村集体产权等涉农制度的改革,破除人口在部门和区域间自由流动的障碍,让经济和社会关系已经基本不在乡村的外出务工人员在居留地安居落户,也要让流入的新农民、新村民在乡村的土地上落地生根。对于乡村人口净流出较多的地区,特别是空心村较多的地区,要继续推进撤村并乡,形成适度人口规模,并探索将自治功能下沉到村民小组或自然村一级,作为撤村并乡融合期的过渡。最终构建一个人员相对稳定、参与自治意愿强烈、自治能力较强的农村社区。

其次,深化涉农的财税制度改革,进一步明确村级自治组织权责。农村治理必须要理清基层政府与村级组织之间的事权、财权和责任关系。在行政管理体制上,要充分考虑村级自治组织的承接能力,严格管理,并对总量进行控制。对于确实需要村级自治组织协助完成的公共性事务,应做到事权与财权对等。逐步健全以财政投入为主的稳定的村级组织运转经费保障制度,确保村级自治组织服务乡村居民的能力。同时,要理顺乡村治理组织与村集体经济组织的关系,开展农村集体产权股份合作制改革,探索推进自治组织与经济组织的政经分离,明确各自的权责。

最后,强化基层民主的监督和约束机制,健全农村的多元监督体系。在基层群众自治制度的完善过程中,监督是不可或缺的一环。在村民自治推进过程中,广大村民是监督的主体,来自村庄内部的民主监督本身就是自治的一部分,需要加强。村庄内部的民主监督既是自治的一部分,也能激发广大村民参与。

同时，来自基层政府包括县（区）、乡镇（街道）纪委监委等的外部监督能够对内部监督形成有力的补充。二者互相配合，共同推动基层农村社区的良性运行。因此需要在村务监督委员会的基础上，加强内部与外部监督力量的协同合作，形成多元复合有效的监督体系。《指导意见》对健全村务监督委员会的运行机制提出了具体的指导意见，我们必须遵照执行。按照《指导意见》的指导精神，不断完善村务监督委员会的工作机制、激励机制与问责机制。基层党员要充分发挥村务监督的带头示范作用，带领群众合法、合规、有序地对乡村基层组织开展有效的监督。同时，加强对村庄公共事务决议和执行的外部监督。村务监督委员会要和县（区）、乡镇（街道）党委的纪委监委组织间确立起村务监督工作上的合作关系，在村庄内部监督中获得县（区）、乡镇纪委监委组织的指导、支持和帮助，并协助其对村庄公共事务进行外部监督。

马克思曾经说过："人们自己创造自己的历史，但是他们并不是随心所欲地创造，并不是在他们自己选定的条件下创造，而是在直接碰到的、既定的、从过去承继下来的条件下创造。"①中国特色社会主义道路是伴随着改革开放伟大实践而开创的，也是在中国革命已经取得胜利、新中国已经建立起社会主义基本制度并进行20多年建设的基础上开创的，是在一代又一代共产党人不忘初心、继续前进的接力探索和接续奋斗中坚持和发展的。习近平总书记指出，我们能够创造出人类历史上前无古人的发展成就，走出了正确道路是根本原因。中国特色社会主义道路之所以能够取得辉煌成就、引领中国发展进步，关键原因在于既坚持了科学社会主义的基本原则，又结合了我国实际和时代特征。它不是"传统的"，也不是"外来的"，更不是"西化的"，而是"独创的"，是一条人间正道。

---

① 《马克思恩格斯选集》第4卷，人民出版社1995年版，第727页。

　　中国特色社会主义道路，既坚持以经济建设为中心，又统筹推进经济建设、政治建设、文化建设、社会建设、生态文明建设以及其他各方面建设。马克思主义认为，生产力的发展始终是人类社会发展的最终决定力量。我国处于并将长期处于社会主义初级阶段，解放和发展生产力始终是我们党和国家的中心任务，也是中国特色社会主义的根本任务。马克思主义同样认为，社会主义应该是全面发展的。中国特色社会主义不能是物质文明"一枝独秀"，也应包括民主法制的健全、文化艺术的繁荣、社会的和谐稳定、生态环境的优美等。正确认识和妥善处理中国特色社会主义建设中的重大关系，统筹改革发展稳定、内政外交国防、治党治国治军各方面工作，促进现代化建设各方面协调发展，努力形成经济富裕、政治文明、文化繁荣、社会公平、生态良好的发展格局，是坚持和发展中国特色社会主义的必然要求。

　　作为基层群众自治制度的有机构成部分的村务监督，显然也属于中国特色社会主义道路中政治文明的部分。"为了谁，依靠谁"，是关涉到中国道路的根本问题。通过基层群众自治制度的不断推进，通过村务监督制度的进一步完善，解决"为了谁，依靠谁"的问题，实现发扬人民民主，推进共建共治共享的目标。村务监督作为发端于浙江基层的实践，最终上升为国家制度，并且经由十九届四中全会通过作为基本制度之一肯定下来，这充分证明了中国道路的强大内生动力就源自人民的积极参与和主动创造。新时代，只有顺应人民对美好生活的向往，坚持人民主体地位，发挥人民首创精神，充分尊重人民意愿，才能真正动员广大人民投身于中国特色社会主义伟大事业。这也是村务监督作为基层群众自治制度与中国道路的辩证的逻辑关联。

附录

中华人民共和国村民委员会组织法

(1998 年 11 月 4 日第九届全国人民代表大会常务委员会第五次会议通过,2010 年 10 月 28 日第十一届全国人民代表大会常务委员会第十七次会议修订,根据 2018 年 12 月 29 日第十三届全国人民代表大会常务委员会第七次会议《关于修改〈中华人民共和国村民委员会组织法〉〈中华人民共和国城市居民委员会组织法〉的决定》修正)

第一章　总　则

第一条　为了保障农村村民实行自治,由村民依法办理自己的事情,发展农村基层民主,维护村民的合法权益,促进社会主义新农村建设,根据宪法,制定本法。

第二条　村民委员会是村民自我管理、自我教育、自我服务的基层群众性自治组织,实行民主选举、民主决策、民主管理、民主监督。

村民委员会办理本村的公共事务和公益事业,调解民间纠纷,协助维护社会治安,向人民政府反映村民的意见、要求和提出建议。

村民委员会向村民会议、村民代表会议负责并报告工作。

第三条　村民委员会根据村民居住状况、人口多少,按照便于群众自治,有利于经济发展和社会管理的原则设立。

村民委员会的设立、撤销、范围调整,由乡、民族乡、镇的人民政府提出,经村民会议讨论同意,报县级人民政府批准。

村民委员会可以根据村民居住状况、集体土地所有权关系等分设若干村民小组。

第四条　中国共产党在农村的基层组织，按照中国共产党章程进行工作，发挥领导核心作用，领导和支持村民委员会行使职权；依照宪法和法律，支持和保障村民开展自治活动、直接行使民主权利。

第五条　乡、民族乡、镇的人民政府对村民委员会的工作给予指导、支持和帮助，但是不得干预依法属于村民自治范围内的事项。

村民委员会协助乡、民族乡、镇的人民政府开展工作。

第二章　村民委员会的组成和职责

第六条　村民委员会由主任、副主任和委员共三至七人组成。

村民委员会成员中，应当有妇女成员，多民族村民居住的村应当有人数较少的民族的成员。

对村民委员会成员，根据工作情况，给予适当补贴。

第七条　村民委员会根据需要设人民调解、治安保卫、公共卫生与计划生育等委员会。村民委员会成员可以兼任下属委员会的成员。人口少的村的村民委员会可以不设下属委员会，由村民委员会成员分工负责人民调解、治安保卫、公共卫生与计划生育等工作。

第八条　村民委员会应当支持和组织村民依法发展各种形式的合作经济和其他经济，承担本村生产的服务和协调工作，促进农村生产建设和经济发展。

村民委员会依照法律规定，管理本村属于村农民集体所有的土地和其他财产，引导村民合理利用自然资源，保护和改善生态环境。

村民委员会应当尊重并支持集体经济组织依法独立进行经济活动的自主权，维护以家庭承包经营为基础、统分结合的双层经营体制，保障集体经济组织和村民、承包经营户、联户或者合伙的合法财产权和其他合法权益。

第九条　村民委员会应当宣传宪法、法律、法规和国家的政策,教育和推动村民履行法律规定的义务、爱护公共财产,维护村民的合法权益,发展文化教育,普及科技知识,促进男女平等,做好计划生育工作,促进村与村之间的团结、互助,开展多种形式的社会主义精神文明建设活动。

村民委员会应当支持服务性、公益性、互助性社会组织依法开展活动,推动农村社区建设。

多民族村民居住的村,村民委员会应当教育和引导各民族村民增进团结、互相尊重、互相帮助。

第十条　村民委员会及其成员应当遵守宪法、法律、法规和国家的政策,遵守并组织实施村民自治章程、村规民约,执行村民会议、村民代表会议的决定、决议,办事公道,廉洁奉公,热心为村民服务,接受村民监督。

第三章　村民委员会的选举

第十一条　村民委员会主任、副主任和委员,由村民直接选举产生。任何组织或者个人不得指定、委派或者撤换村民委员会成员。

村民委员会每届任期五年,届满应当及时举行换届选举。村民委员会成员可以连选连任。

第十二条　村民委员会的选举,由村民选举委员会主持。

村民选举委员会由主任和委员组成,由村民会议、村民代表会议或者各村民小组会议推选产生。

村民选举委员会成员被提名为村民委员会成员候选人,应当退出村民选举委员会。

村民选举委员会成员退出村民选举委员会或者因其他原因出缺的,按照原推选结果依次递补,也可以另行推选。

第十三条　年满十八周岁的村民,不分民族、种族、性别、职业、家庭出身、宗教信仰、教育程度、财产状况、居住期限,都有选举权和被选举权；但是，依照法律被剥夺政治权利的人除外。

村民委员会选举前，应当对下列人员进行登记，列入参加选举的村民名单：

（一）户籍在本村并且在本村居住的村民；

（二）户籍在本村，不在本村居住，本人表示参加选举的村民；

（三）户籍不在本村，在本村居住一年以上，本人申请参加选举，并且经村民会议或者村民代表会议同意参加选举的公民。

已在户籍所在村或者居住村登记参加选举的村民，不得再参加其他地方村民委员会的选举。

第十四条　登记参加选举的村民名单应当在选举日的二十日前由村民选举委员会公布。

对登记参加选举的村民名单有异议的，应当自名单公布之日起五日内向村民选举委员会申诉，村民选举委员会应当自收到申诉之日起三日内作出处理决定，并公布处理结果。

第十五条　选举村民委员会，由登记参加选举的村民直接提名候选人。村民提名候选人，应当从全体村民利益出发，推荐奉公守法、品行良好、公道正派、热心公益、具有一定文化水平和工作能力的村民为候选人。候选人的名额应当多于应选名额。村民选举委员会应当组织候选人与村民见面，由候选人介绍履行职责的设想，回答村民提出的问题。

选举村民委员会，有登记参加选举的村民过半数投票，选举有效；候选人获得参加投票的村民过半数的选票，始得当选。当选人数不足应选名额的，不足的名额另行选举。另行选举的，第一次投票未当选的人员得票多的为候选人，候选人以得票多的当选，但是所得票数不得少于已投选票总数的三分之一。

选举实行无记名投票、公开计票的方法，选举结果应当当场公布。选举时，应当设立秘密写票处。

登记参加选举的村民，选举期间外出不能参加投票的，可以书面委托本村有选举权的近亲属代为投票。村民选举委员会应当公布委托人和受委托人的名单。

具体选举办法由省、自治区、直辖市的人民代表大会常务委员会规定。

第十六条　本村五分之一以上有选举权的村民或者三分之一以上的村民代表联名,可以提出罢免村民委员会成员的要求,并说明要求罢免的理由。被提出罢免的村民委员会成员有权提出申辩意见。

罢免村民委员会成员,须有登记参加选举的村民过半数投票,并须经投票的村民过半数通过。

第十七条　以暴力、威胁、欺骗、贿赂、伪造选票、虚报选举票数等不正当手段当选村民委员会成员的,当选无效。

对以暴力、威胁、欺骗、贿赂、伪造选票、虚报选举票数等不正当手段,妨害村民行使选举权、被选举权,破坏村民委员会选举的行为,村民有权向乡、民族乡、镇的人民代表大会和人民政府或者县级人民代表大会常务委员会和人民政府及其有关主管部门举报,由乡级或者县级人民政府负责调查并依法处理。

第十八条　村民委员会成员丧失行为能力或者被判处刑罚的,其职务自行终止。

第十九条　村民委员会成员出缺,可以由村民会议或者村民代表会议进行补选。补选程序参照本法第十五条的规定办理。补选的村民委员会成员的任期到本届村民委员会任期届满时止。

第二十条　村民委员会应当自新一届村民委员会产生之日起十日内完成工作移交。工作移交由村民选举委员会主持,由乡、民族乡、镇的人民政府监督。

第四章　村民会议和村民代表会议

第二十一条　村民会议由本村十八周岁以上的村民组成。

村民会议由村民委员会召集。有十分之一以上的村民或者

三分之一以上的村民代表提议，应当召集村民会议。召集村民
会议，应当提前十天通知村民。

第二十二条 召开村民会议，应当有本村十八周岁以上村
民的过半数，或者本村三分之二以上的户的代表参加，村民会议
所作决定应当经到会人员的过半数通过。法律对召开村民会议
及作出决定另有规定的，依照其规定。

召开村民会议，根据需要可以邀请驻本村的企业、事业单位
和群众组织派代表列席。

第二十三条 村民会议审议村民委员会的年度工作报告，
评议村民委员会成员的工作；有权撤销或者变更村民委员会不
适当的决定；有权撤销或者变更村民代表会议不适当的决定。

村民会议可以授权村民代表会议审议村民委员会的年度工
作报告，评议村民委员会成员的工作，撤销或者变更村民委员会
不适当的决定。

第二十四条 涉及村民利益的下列事项，经村民会议讨论
决定方可办理：

（一）本村享受误工补贴的人员及补贴标准；

（二）从村集体经济所得收益的使用；

（三）本村公益事业的兴办和筹资筹劳方案及建设承包方案；

（四）土地承包经营方案；

（五）村集体经济项目的立项、承包方案；

（六）宅基地的使用方案；

（七）征地补偿费的使用、分配方案；

（八）以借贷、租赁或者其他方式处分村集体财产；

（九）村民会议认为应当由村民会议讨论决定的涉及村民利
益的其他事项。

村民会议可以授权村民代表会议讨论决定前款规定的事项。

法律对讨论决定村集体经济组织财产和成员权益的事项另
有规定的，依照其规定。

第二十五条　人数较多或者居住分散的村,可以设立村民代表会议,讨论决定村民会议授权的事项。村民代表会议由村民委员会成员和村民代表组成,村民代表应当占村民代表会议组成人员的五分之四以上,妇女村民代表应当占村民代表会议组成人员的三分之一以上。

村民代表由村民按每五户至十五户推选一人,或者由各村民小组推选若干人。村民代表的任期与村民委员会的任期相同。村民代表可以连选连任。

村民代表应当向其推选户或者村民小组负责,接受村民监督。

第二十六条　村民代表会议由村民委员会召集。村民代表会议每季度召开一次。有五分之一以上的村民代表提议,应当召集村民代表会议。

村民代表会议有三分之二以上的组成人员参加方可召开,所作决定应当经到会人员的过半数同意。

第二十七条　村民会议可以制定和修改村民自治章程、村规民约,并报乡、民族乡、镇的人民政府备案。

村民自治章程、村规民约以及村民会议或者村民代表会议的决定不得与宪法、法律、法规和国家的政策相抵触,不得有侵犯村民的人身权利、民主权利和合法财产权利的内容。

村民自治章程、村规民约以及村民会议或者村民代表会议的决定违反前款规定的,由乡、民族乡、镇的人民政府责令改正。

第二十八条　召开村民小组会议,应当有本村民小组十八周岁以上的村民三分之二以上,或者本村民小组三分之二以上的户的代表参加,所作决定应当经到会人员的过半数同意。

村民小组组长由村民小组会议推选。村民小组组长任期与村民委员会的任期相同,可以连选连任。

属于村民小组的集体所有的土地、企业和其他财产的经营管理以及公益事项的办理,由村民小组会议依照有关法律的规定讨论决定,所作决定及实施情况应当及时向本村民小组的村民公布。

第五章　民主管理和民主监督

第二十九条　村民委员会应当实行少数服从多数的民主决策机制和公开透明的工作原则,建立健全各种工作制度。

第三十条　村民委员会实行村务公开制度。

村民委员会应当及时公布下列事项,接受村民的监督:

(一)本法第二十三条、第二十四条规定的由村民会议、村民代表会议讨论决定的事项及其实施情况;

(二)国家计划生育政策的落实方案;

(三)政府拨付和接受社会捐赠的救灾救助、补贴补助等资金、物资的管理使用情况;

(四)村民委员会协助人民政府开展工作的情况;

(五)涉及本村村民利益,村民普遍关心的其他事项。

前款规定事项中,一般事项至少每季度公布一次;集体财务往来较多的,财务收支情况应当每月公布一次;涉及村民利益的重大事项应当随时公布。

村民委员会应当保证所公布事项的真实性,并接受村民的查询。

第三十一条　村民委员会不及时公布应当公布的事项或者公布的事项不真实的,村民有权向乡、民族乡、镇的人民政府或者县级人民政府及其有关主管部门反映,有关人民政府或者主管部门应当负责调查核实,责令依法公布;经查证确有违法行为的,有关人员应当依法承担责任。

第三十二条　村应当建立村务监督委员会或者其他形式的村务监督机构,负责村民民主理财,监督村务公开等制度的落实,其成员由村民会议或者村民代表会议在村民中推选产生,其中应有具备财会、管理知识的人员。村民委员会成员及其近亲属不得担任村务监督机构成员。村务监督机构成员向村民会议和村民代表会议负责,可以列席村民委员会会议。

第三十三条　村民委员会成员以及由村民或者村集体承担误工补贴的聘用人员,应当接受村民会议或者村民代表会议对其履行职责情况的民主评议。民主评议每年至少进行一次,由村务监督机构主持。

村民委员会成员连续两次被评议不称职的,其职务终止。

第三十四条　村民委员会和村务监督机构应当建立村务档案。村务档案包括:选举文件和选票,会议记录,土地发包方案和承包合同,经济合同,集体财务账目,集体资产登记文件,公益设施基本资料,基本建设资料,宅基地使用方案,征地补偿费使用及分配方案等。村务档案应当真实、准确、完整、规范。

第三十五条　村民委员会成员实行任期和离任经济责任审计,审计包括下列事项:

(一)本村财务收支情况;

(二)本村债权债务情况;

(三)政府拨付和接受社会捐赠的资金、物资管理使用情况;

(四)本村生产经营和建设项目的发包管理以及公益事业建设项目招标投标情况;

(五)本村资金管理使用以及本村集体资产、资源的承包、租赁、担保、出让情况,征地补偿费的使用、分配情况;

(六)本村五分之一以上的村民要求审计的其他事项。

村民委员会成员的任期和离任经济责任审计,由县级人民政府农业部门、财政部门或者乡、民族乡、镇的人民政府负责组织,审计结果应当公布,其中离任经济责任审计结果应当在下一届村民委员会选举之前公布。

第三十六条　村民委员会或者村民委员会成员作出的决定侵害村民合法权益的,受侵害的村民可以申请人民法院予以撤销,责任人依法承担法律责任。

村民委员会不依照法律、法规的规定履行法定义务的,由乡、民族乡、镇的人民政府责令改正。

乡、民族乡、镇的人民政府干预依法属于村民自治范围事项的，由上一级人民政府责令改正。

第六章　附　则

第三十七条　人民政府对村民委员会协助政府开展工作应当提供必要的条件；人民政府有关部门委托村民委员会开展工作需要经费的，由委托部门承担。

村民委员会办理本村公益事业所需的经费，由村民会议通过筹资筹劳解决；经费确有困难的，由地方人民政府给予适当支持。

第三十八条　驻在农村的机关、团体、部队、国有及国有控股企业、事业单位及其人员不参加村民委员会组织，但应当通过多种形式参与农村社区建设，并遵守有关村规民约。

村民委员会、村民会议或者村民代表会议讨论决定与前款规定的单位有关的事项，应当与其协商。

第三十九条　地方各级人民代表大会和县级以上地方各级人民代表大会常务委员会在本行政区域内保证本法的实施，保障村民依法行使自治权利。

第四十条　省、自治区、直辖市的人民代表大会常务委员会根据本法，结合本行政区域的实际情况，制定实施办法。

第四十一条　本法自公布之日起施行。

关于建立健全村务监督委员会的指导意见

（中共中央办公厅国务院印发，2017 年 12 月 4 日）

村务监督委员会是村民对村务进行民主监督的机构。建立健全村务监督委员会，对从源头上遏制村民群众身边的不正之风和腐败问题、促进农村和谐稳定，具有重要作用。为推动全面从严治党向基层延伸，进一步完善村党组织领导的充满活力的村民自治机制，加强村级民主管理和监督，提升乡村治理水平，根据中央有关要求和《中华人民共和国村民委员会组织法》规定，现就建立健全村务监督委员会提出如下指导意见。

一、总体要求

全面贯彻党的十九大精神，以习近平新时代中国特色社会主义思想为指导，认真落实党中央关于全面从严治党、加强农村基层组织建设的部署要求，建立健全村务监督委员会，进一步加强和规范村务监督工作，切实保障村民群众合法权益和村集体利益，促进农村和谐稳定，夯实党的执政根基。加强党的全面领导，始终坚持村党组织领导核心地位不动摇，村务监督委员会的各项工作都要在党的领导下进行；准确把握定位，村务监督委员会是村民自治机制和村级工作运行机制的完善，是村民监督村务的主要形式；严格依法监督，保证和支持村务监督委员会依法行使职权，促进村级事务公开公平公正。

二、人员组成

村务监督委员会一般由 3 至 5 人组成,设主任 1 名,提倡由非村民委员会成员的村党组织班子成员或党员担任主任,原则上不由村党组织书记兼任主任。村务监督委员会成员由村民会议或村民代表会议在村民中推选产生,任期与村民委员会的任期相同。村务监督委员会成员要有较好的思想政治素质,遵纪守法、公道正派、坚持原则、敢于担当、群众公认,具有一定政策水平和依法办事能力,热心为村民服务,其中应有具备财会、管理知识的人员。乡镇党委、村党组织要把好人选关。村民委员会成员及其近亲属、村会计(村报账员)、村文书、村集体经济组织负责人不得担任村务监督委员会成员,任何组织和个人不得指定、委派村务监督委员会成员。

三、职责权限

村务监督委员会的职责是:对村务、财务管理等情况进行监督,受理和收集村民有关意见建议。村务监督委员会及其成员有以下权利:(1)知情权。列席村民委员会、村民小组、村民代表会议和村"两委"联席会议等,了解掌握情况。(2)质询权。对村民反映强烈的村务、财务问题进行质询,并请有关方面向村民作出说明。(3)审核权。对民主理财和村务公开等制度落实情况进行审核。(4)建议权。向村"两委"提出村务管理建议,必要时可向乡镇党委和政府提出建议。村务监督委员会及其成员要依纪依法、实事求是、客观公正地进行监督,不直接参与具体村务决策和管理,不干预村"两委"日常工作。(5)主持民主评议权。村民会议或村民代表会议对村民委员会成员以及由村民或村集体承担误工补贴的聘用人员履行职责情况进行民主评议,由村务监督委员会主持。

四、监督内容

村务监督委员会要紧密结合村情实际,重点加强以下方面的监督:(1)村务决策和公开情况。主要是村务决策是否按照规定程序进行,村务公开是否全面、真实、及时、规范。(2)村级财产管理情况。主要是村民委员会、村民小组代行管理的村集体资金资产资源管理情况,村级其他财务管理情况。(3)村工程项目建设情况。主要是基础设施和公共服务建设等工程项目立项、招投标、预决算、建设施工、质量验收情况。(4)惠农政策措施落实情况。主要是支农和扶贫资金使用、各项农业补贴资金发放、农村社会救助资金申请和发放等情况。(5)农村精神文明建设情况。主要是建设文明乡风、创建文明村镇、推动移风易俗,开展农村环境卫生整治,执行村民自治章程和村规民约等情况。(6)其他应当监督的事项。

五、工作方式

村务监督委员会一般按照以下方式实施监督:(1)收集意见。根据上级党委和政府部署的重点工作和村级决定的重大事项,通过接待来访、上门走访等形式广泛收集意见建议,确定监督事项。(2)提出建议。围绕监督事项,及时向村党组织和村民委员会反映收集到的意见,提出工作建议。(3)监督落实。对监督事项进行全程监督,及时发现并纠正存在的问题。对发现的涉嫌贪腐谋私、侵害群众利益等违纪违法问题,及时向村党组织、乡镇党委和政府及纪检监察机关报告。(4)通报反馈。通过公开栏、召开会议、个别沟通等形式,及时通报反馈监督结果。村务监督委员会一般应每季度召开一次例会,梳理总结、研究安排村务监督工作;每半年向村党组织汇报一次村务监督情况,村党组织要认真听取村务监督委员会的意见;每年向村民会议或村民代表会议报告一次工作，由村民会议或村民代表会议对村务监督委员会及其成员进行民主评议。

六、管理考核

有计划地开展村务监督委员会成员教育培训，村务监督委员会主任一般由县一级负责培训，其他成员由乡镇负责培训。乡镇党委和政府及村党组织要加强村务监督委员会成员日常教育管理，帮助其提高思想政治素质和工作水平，乡镇每年对村务监督委员会主任履职情况进行考核，对考核优秀的可给予适当奖励，对不认真履职的进行批评教育、责令改正。要健全退出机制，村务监督委员会成员履职不力、发生违纪违法行为被查处等，经村民会议或村民代表会议讨论决定，免去其职务；严重违纪受到党纪处分、两年内受到两次以上行政拘留处罚、被判处刑罚、连续两次民主评议不称职或丧失行为能力的，其职务自行终止。

七、组织领导

各级党委和政府要高度重视建立健全村务监督委员会工作，县级党委和政府要切实履行主体责任，具体组织实施，抓好工作落实，及时研究解决相关问题。各级党委组织部门要牵头协调，民政、党委农村工作综合部门等单位共同参与，加强指导。严明有关纪律，对村务监督工作不配合不支持、设置障碍，甚至对村务监督委员会成员打击报复的，要及时制止、责令改正，情节严重的要依纪依法追究有关人员责任；对村务监督委员会成员利用监督职权谋私利、泄私愤、搞无原则纠纷、挑起矛盾的，要及时提醒、批评教育，后果严重的要按照有关程序终止其职务，并依纪依法追究责任。各地区各有关部门要从实际出发，为村务监督委员会开展工作创造良好条件，提供保障支持。

浙江省实施《中华人民共和国村民委员会组织法》办法

（1999 年 10 月 22 日浙江省第九届人民代表大会常务委员会第十六次会议通过　2012 年 3 月 31 日浙江省第十一届人民代表大会常务委员会第三十二次会议修订　根据 2020 年 7 月 31 日浙江省第十三届人民代表大会常务委员会第二十二次会议《关于修改〈浙江省村民委员会选举办法〉〈浙江省实施《中华人民共和国村民委员会组织法》办法〉〈浙江省村经济合作社组织条例〉的决定》修正）

第一章　总则

第一条　为了保障农村村民实行自治，由村民依法办理自己的事情，发展农村基层民主，维护村民的合法权益，促进社会主义新农村建设，根据《中华人民共和国村民委员会组织法》，结合本省实际，制定本办法。

第二条　村民委员会是村民自我管理、自我教育、自我服务的基层群众性自治组织，实行民主选举、民主决策、民主管理、民主监督。

第三条　村民委员会根据村民居住状况、人口多少，按照便于群众自治，有利于经济发展和社会管理的原则设立。

村民委员会的设立、撤销、范围调整，由乡、镇人民政府提出，经村民会议讨论同意，报县级人民政府批准。

第四条　中国共产党在农村的基层组织，按照中国共产党章程进行工作，发挥领导核心作用，领导和支持村民委员会行使职权；依照宪法和法律、法规，支持和保障村民开展自治活动、直接行使民主权利。

第五条 乡、镇人民政府对村民委员会的工作给予指导、支持和帮助，但是不得干预依法属于村民自治范围内的事项。

村民委员会协助乡、镇人民政府开展工作。

第二章 村民委员会的组成和职责

第六条 村民委员会的成员按照《浙江省村民委员会选举办法》选举产生。

第七条 村民委员会应当设立人民调解委员会，根据需要可以设立治安保卫、公共卫生与计划生育等委员会。村民委员会成员可以兼任下属委员会的成员。

村民委员会在县级人民政府司法行政部门的指导下建立村法律顾问制度。

第八条 村民委员会的主要职责：

（一）宣传宪法、法律、法规和国家的政策，教育和推动村民履行法律法规规定的义务、爱护公共财产，维护村民的合法权益；

（二）办理本村的公共事务和公益事业，推动农村社区建设，加强农村基层社会管理服务；

（三）支持和组织村民依法发展各种形式的合作经济和其他经济，承担本村生产的服务和协调工作，促进农村生产建设和经济发展；

（四）尊重并支持集体经济组织依法独立进行经济活动的自主权，维护以家庭承包经营为基础、统分结合的双层经营体制，保障集体经济组织和村民、承包经营户、联户或者合伙的合法财产权和其他合法权益；

（五）组织实施本村建设规划，兴修水利、道路等基础设施，指导村民建设住宅；

（六）引导村民合理利用自然资源，保护和改善生态环境；

（七）发展文化教育，普及卫生、科技知识，促进男女平等，做好计划生育工作，促进村民之间、村与村之间、民族之间的团结、互助，开展多种形式的社会主义精神文明创建活动；

（八）依法调解民间纠纷，协助做好社区矫正、对刑释人员的安置帮教和维护社会治安工作，向人民政府反映村民的意见、要求，提出建议；

（九）建立健全村务公开和民主管理制度；

（十）向村民会议或者村民代表会议报告工作，执行村民会议和村民代表会议的决定；

（十一）法律、法规规定的其他职责。

第九条　村民委员会及其成员应当遵守宪法、法律、法规和国家的政策，遵守并组织实施村民自治章程、村规民约，办事公道，廉洁奉公，热心为村民服务，接受村民监督。

第十条　县级人民政府民政部门和乡、镇人民政府负责对村民委员会成员的培训工作。每届村民委员会成员在任期内至少接受一次培训。培训经费由县级人民政府和乡、镇人民政府解决。

第十一条　对村民委员会主任，给予基本报酬；对村民委员会其他成员，给予适当补贴。经费由本村集体经济负担，县、乡两级人民政府给予适当补助。

第三章　民主决策

第十二条　村民会议由本村十八周岁以上的村民组成。

村民会议由村民委员会召集。有十分之一以上的村民或者三分之一以上的村民代表提议，应当召集村民会议。召集村民会议，应当提前十日通知村民，需要讨论决定的事项应当同时公开征求村民的意见。

第十三条　召开村民会议，应当有本村十八周岁以上村民的过半数或者本村三分之二以上的户的代表参加，村民会议所作决定应当经到会人员的过半数通过。法律对召开村民会议及作出决定另有规定的，依照其规定。

召开村民会议，根据需要可以邀请村法律顾问以及驻本村的企业、事业单位和群众组织派代表列席。

第十四条　村民会议可以制定和修改村民自治章程、村规民约，并报乡、镇人民政府备案。

村民会议审议村民委员会的年度工作报告，评议村民委员会成员的工作；有权撤销或者变更村民委员会不适当的决定；有权撤销或者变更村民代表会议不适当的决定。

村民会议可以授权村民代表会议审议村民委员会的年度工作报告，评议村民委员会成员的工作，撤销或者变更村民委员会不适当的决定。

第十五条　涉及村民利益的下列事项，经村民会议讨论决定方可办理：

（一）本村建设规划，经济和社会发展规划、年度计划；

（二）本村公益事业的兴办和筹资筹劳方案及建设承包方案；

（三）本村享受误工补贴的人员及补贴标准；

（四）从村集体经济所得收益的使用方案；

（五）土地承包经营方案；

（六）村集体经济项目的立项、承包方案；

（七）宅基地的使用方案；

（八）征地补偿费的使用、分配方案；

（九）以借贷、租赁、抵押或者其他方式处分村集体财产；

（十）村民会议认为应当由村民会议讨论决定的涉及村民利益的其他事项。

村民会议可以授权村民代表会议讨论决定前款规定的事项。

法律和《浙江省村经济合作社组织条例》对讨论决定第一款第五项、第六项、第八项和第九项等村集体经济组织财产和成员权益的事项另有规定的,依照其规定。

第十六条　村民会议向村民代表会议授权,可以通过召开村民会议或者村民书面表决形式进行,也可以在村民会议通过的村民自治章程中明确。授权应当明确授权事项、授权期限。

第十七条　下列事项应当由村民会议通过投票表决的方式决定:

(一)法律、法规规定应当由村民会议决定的;

(二)村民会议授权村民代表会议决定,但是村民代表会议意见分歧较大难以形成决定的。

第十八条　人数在三百人以上或者居住分散的村,可以设立村民代表会议,讨论决定村民会议授权的事项。

村民代表会议由村民委员会成员和村民代表组成,村民代表应当占村民代表会议组成人员的五分之四以上,妇女村民代表应当占村民代表会议组成人员的三分之一以上。

人数不足五百人的村,村民代表人数不少于三十人;人数在五百人以上不足一千人的村,村民代表人数不少于四十人;人数在一千人以上的村,村民代表人数不少于五十人。

第十九条　村民代表应当依法具有选举权和被选举权,遵纪守法,关心集体,具有履行职责的能力。

第二十条　村民代表按若干户推选一人,或者由各村民小组推选若干人。推选村民代表应当由推选单位有选举权的半数以上村民或者三分之二以上的户的代表参加,采用无记名投票或者举手表决方式,按得票数从高到低产生。同户不得产生二名以上村民代表。

推选村民代表应当通过单列名额等形式保障妇女村民代表的当选。

村民代表的任期与村民委员会的任期相同。村民代表可以连选连任。

第二十一条　村民代表应当向其推选户或者村民小组负

责,接受村民监督。

村民代表应当联系其推选户或者若干村民,经常性地征求、听取所联系户或者村民的意见。

第二十二条　村民代表丧失行为能力或者被判处刑罚的,其职务自行终止。

村民代表严重违反村民自治章程、村规民约,或者连续三次无正当理由不参加村民代表会议的,可以由原推选单位终止其资格。

村民代表书面向村民委员会提出不再担任村民代表要求的,经原推选单位同意,可以不再担任村民代表。

原推选单位三分之一以上有选举权的村民或者户的代表书面联名,可以向村民委员会提出取消本推选单位产生的村民代表的资格。村民委员会在接到提出取消资格要求的三十日内,应当召集原推选单位有选举权的半数以上村民或者三分之二以上的户的代表进行表决。表决应当经到会人数的过半数通过。

村民代表出缺的,由原推选单位决定是否进行补选。

村民代表的变动情况由村民委员会于五日内向村民公告。

第二十三条　村民代表会议由村民委员会召集。村民代表会议每季度召开一次。有五分之一以上的村民代表提议,应当召集村民代表会议。村民委员会可以根据需要召集村民代表会议。

召开村民代表会议,村民委员会应当提前三日将需要讨论的事项告知村民代表会议组成人员,重要事项应当提供相关材料,并征询村法律顾问意见。

村民代表会议有三分之二以上的组成人员参加方可召开,所作决定应当经到会人员的过半数同意,且不得与村民会议所作的决定相抵触。

第二十四条　村民会议或者村民代表会议应当按照会议的议事规则进行,讨论决定事项应当形成会议记录。

村民会议或者村民代表会议依法形成的决定不得随意更改。

第二十五条　村民委员会可以根据村民居住状况、集体土地权属关系等分设若干村民小组。

村民小组组长由村民小组会议在本小组村民代表中推选产生。村民小组组长任期与村民委员会任期相同,可以连选连任。

村民小组会议由本村民小组十八周岁以上的村民或者户的代表组成。

村民小组组长的更换由村民委员会主持,经本村民小组会议过半数通过。

第二十六条　召开村民小组会议,应当有本村民小组十八周岁以上的村民三分之二以上,或者本村民小组三分之二以上的户的代表参加,所作决定应当经到会人员的过半数同意。

第二十七条　村级重大事务的决策,按照省有关村级组织工作规则规定的程序进行。

第四章　民主管理和民主监督

第二十八条　村民委员会应当实行少数服从多数的民主决策机制和公开透明的工作原则,建立健全各项工作制度。

第二十九条　村应当实行村务公开制度,下列事项应当及时向村民公布:

(一)本办法第十四条、第十五条规定的由村民会议或者村民代表会议讨论决定的事项及其实施情况;

(二)政府拨付和接受社会捐赠的救灾救助、补贴补助等资金、物资的管理使用情况;

(三)村财务收支情况;

(四)国家计划生育政策的落实方案;

(五)农村最低生活保障、医疗救助、临时救助等社会保障的享受对象、标准和特困人员供养享受对象;

(六)涉及村民利益和村民普遍关心的其他事项。

前款规定事项中,一般事项至少每季度公布一次;涉及村民利益的重大事项应当随时公布;集体财务往来较多的,财务收支情况应当每月公布一次。

公布的村务事项应当真实,并接受村民的查询和监督。

第三十条 村应当建立村务监督委员会。村务监督委员会一般由三至五人组成,其成员由村民会议或者村民代表会议在村民中推选产生,其中应当有具备财会、管理知识的人员。

村民委员会成员及其配偶、父母子女、兄弟姐妹、祖父母、外祖父母、孙子女、外孙子女,以及村文书、村报账员不得担任村务监督委员会成员。

第三十一条 村务监督委员会成员与村民委员会成员任职的具体条件相同,村务监督委员会与村民委员会任期相同。新一届村民委员会产生后,应当及时推选产生新一届村务监督委员会。

村务监督委员会成员罢免、辞职、补选的具体办法,由村民会议或者村民代表会议按照有关程序讨论决定。

第三十二条 村务监督委员会的主要职责:

(一)依法审查村民委员会提出的村务公开方案,监督村务公开等制度的落实;

(二)对村民会议和村民代表会议决定执行情况,重大事项民主决策情况,民主理财情况,村资金管理使用情况,村集体资产、资源的承包、租赁、担保、出让情况和工程项目招标投标等村务管理执行情况进行监督;

(三)支持和配合村民委员会等村级组织履行职责,协助做好有关工作;

(四)收集、受理村民的意见建议,并及时向有关村级组织反映。

村务监督委员会集体行使职权,向村民会议和村民代表会议负责,并报告履行职责情况。村务监督委员会成员可以列席村民委员会会议。

第三十三条 村民委员会成员、村务监督委员会成员以及由村民或者村集体承担误工补贴的聘用人员,应当接受村民会议或者村民代表会议对其履行职责情况的民主评议。民主评议每年至少进行一次。民主评议结果应当当场公布。

村民委员会成员、村务监督委员会成员连续两次被评议为不称职的,其职务自行终止。

第三十四条 村民委员会成员、村务监督委员会成员丧失行为能力或者被判处刑罚的,其职务自行终止。

第三十五条 村民委员会成员、村务监督委员会成员职务自行终止的,应当在十五日内按规定程序向村民发布公告。逾期不公告的,乡、镇人民政府有权发布公告。

第三十六条 村务监督委员会、村民代表五人以上或者十分之一以上有选举权的村民联名,可以对村民委员会成员履行职责情况提出质询。质询应当以书面形式提出,写明质询对象、质询的问题和内容。

村民委员会应当在接到质询之日起十五日内决定受质询人员进行书面答复或者在村民代表会议上进行口头答复。

第三十七条 村应当建立村务档案。村务档案包括:选举文件和选票,会议记录,土地发包方案和承包合同,经济合同,集体财务账目,集体资产登记文件,公益设施基本资料,基本建设资料,宅基地使用方案,征地补偿费使用及分配方案,社会保障资料等。

村务档案应当真实、准确、完整、规范。

第五章 农村社区建设

第三十八条 村民委员会应当根据完善基本公共服务、加强基层社会治理、发展农村社区居民自治的需要,推动农村社区建设。若干村民委员会可以联合实施农村社区建设。

驻在农村的机关、团体、部队、国有及国有控股企业、事业单位及其人员不参加村民委员会组织，但应当通过多种形式参与农村社区建设。

第三十九条　农村社区布局规划应当考虑人口规模、地理条件、服务半径、资源配置等因素，合理确定社区范围和社区服务中心的设置。

第四十条　农村社区应当按照国家和省有关规定建立社区服务中心，办理公共事务，组织农村社区居民活动，提供社区服务。

农村社区基础设施、公共服务设施建设和开展社区服务所需经费，可以通过财政、集体经济、筹资筹劳等方式解决。

第四十一条　农村社区应当建立由本社区居民和驻在社区的单位组成的社区议事协商组织，协商决定社区建设的重大事务。

县、乡两级人民政府和村民委员会应当扶持农村社区发展服务性、公益性、互助性社区社会组织。

第六章　法律责任

第四十二条　村民自治章程、村规民约以及村民会议或者村民代表会议的决定不得与宪法、法律、法规和国家的政策相抵触，不得有侵犯村民的人身权利、民主权利和合法财产权利的内容。

村民自治章程、村规民约以及村民会议或者村民代表会议的决定违反前款规定的，由乡、镇人民政府责令改正；侵害村民合法权益的，应当依法给予赔偿。

第四十三条　违反本办法规定，有下列情形之一的，村民有权向有关村级组织提出询问，并可以向乡、镇人民政府或者县级人民政府及其有关主管部门反映；有关人民政府或者主管部门应当在二十日内调查核实，并予以答复；经查证确有违法行为的，责令改正，依法追究有关人员的责任：

（一）应当经村民会议或者村民代表会议讨论决定的事项，

未经村民会议或者村民代表会议讨论就作出决定或者处理的；

（二）无正当理由擅自变更或者不执行村民会议和村民代表会议决定的；

（三）村务公开不及时或者公布的事项不真实的；

（四）村民委员会不依照法律、法规的规定履行法定职责的。

村民委员会或者村民委员会成员作出的决定侵害村民合法权益的，受侵害的村民可以申请人民法院予以撤销，责任人依法承担法律责任。

第四十四条　村民委员会成员有下列行为之一的，县级人民政府及其相关部门和乡、镇人民政府应当责令改正；经查证确有违法行为，侵害村集体及村民合法权益的，依法进行处理：

（一）采取侵占、截留、挪用、私分、骗取等手段非法占有集体资金、资产、资源或者其他公共财物的；

（二）在落实计划生育政策以及户籍迁移、殡葬等各项管理、服务工作中或者受委托从事公务活动时，收受、索取财物的；

（三）违反规定无据收款、付款，不按审批程序报销发票或者隐瞒、截留、坐支集体收入的；

（四）以虚报、冒领等手段套取、骗取或者截留、私分国家对集体土地的补偿费、补助费以及各项补助扶持资金的；

（五）其他侵害村集体及村民合法权益的行为。

第四十五条　乡、镇人民政府及其工作人员有下列行为之一的，由县级人民政府或者相关部门责令改正，并追究有关人员的责任：

（一）违反法律法规规定，停止村民委员会成员职务的；

（二）以不正当手段妨碍村民委员会成员履行职责的；

（三）其他干预依法属于村民自治事项的行为。

第七章　附　则

第四十六条　本办法由各级人民政府组织实施，辖有村的街道办事处履行本办法所规定的应当由乡、镇人民政府履行的职责。

第四十七条　地方各级人民代表大会和县级以上地方各级人民代表大会常务委员会在本行政区域内保证本办法的实施，保障村民依法行使自治权利。

第四十八条　本办法自 2012 年 7 月 1 日起施行。

浙江省村务监督委员会工作规程（试行）

浙委办〔2010〕80 号

为认真贯彻党的十七大提出的"要健全基层党组织领导的充满活力的基层群众自治机制"要求,根据《中国共产党农村基层组织工作条例》《中华人民共和国村民委员会组织法》《浙江省实施〈中华人民共和国村民委员会组织法〉办法》《浙江省村级组织工作规则(试行)》等法律法规和有关政策规定,结合我省实际,现就规范村务监督委员会有关工作,制定本规程。

第一章　组织设置和任职条件

第一条　村务监督委员会是村级民主监督组织,由村民会议或村民代表会议选举产生,在村党组织领导下对村级事务实施监督,向村民会议或村民代表会议负责并报告工作。

村务监督委员会一般与村民委员会换届同期举行,任期与村民委员会相同。

第二条　村务监督委员会一般由 3 至 5 名成员组成,其中主任 1 名。主任一般由村党组织成员或党员担任。

第三条　原村务公开监督小组和民主理财小组纳入村务监督委员会。根据实际需要,村务监督委员会下设村务公开、"三资(村级集体资金、资产、资源,下同)"管理、工程项目等若干监督小组。

第四条　村务监督委员会成员一般应具有以下条件:

(一)依法拥有选举权和被选举权的本村村民;

(二)思想政治素质好,坚持原则、公道正派、遵纪守法,在群众中有较高威望；

（三）热心本村公共事业，具有一定的政策水平，掌握国家相关法律法规；

（四）能正常履职。

村务监督委员会成员中应有熟悉财务管理的人员。

第五条　村务监督委员会成员实行回避制度，除兼任村务监督委员会主任的村党组织成员本人外，村党组织、村民委员会成员及其近亲属不得担任村务监督委员会成员。村文书、村报账员不得兼任村务监督委员会成员及其下设机构的人员。

第六条　村务监督委员会成员有下列情形之一的，其成员资格终止，由村民会议或村民代表会议按照有关程序补选新的成员：

（一）村民会议或村民代表会议测评中信任票数达不到应到会人数一半的；

（二）任职期间发生违纪违法行为被查处的；

（三）存在其他不宜担任村务监督委员会成员情形的。

第二章　工作职责和权利义务

第七条　村务监督委员会的主要工作职责是：

（一）对村民会议和村民代表会议决议执行情况，重大事项民主决策情况，村务公开和民主理财情况，村级各项收支、集体土地征收征用、工程项目招投标等村务管理执行情况进行监督；

（二）支持和配合村民委员会等村级组织正确履行职责，协助做好有关工作；

（三）主动收集并认真受理村民的意见建议，及时向村党组织和村民委员会反映村民对村务管理的意见和建议。

第八条　村务监督委员会成员依法依规对村务活动进行监督，享有以下权利：

（一）知情权。列席村民委员会会议，向村干部和村民了解有关情况，查阅、复制与监督事项有关的文件资料，了解掌握村务的决策和管理执行情况。

（二）质询权。对村务事项和村干部履职情况开展询问质询，要求村干部作出解释。

（三）审核权。对村务、财务公开情况和财务报账前的原始凭证进行审核。

（四）建议权。围绕村务事项提出工作建议和意见。对村民委员会的决定有原则性不同意见时，可建议提请村党组织或乡镇（街道）协助召开村民代表会议或村民会议讨论决定。

第九条　村务监督委员会及其成员应履行以下义务：

（一）坚持实事求是、客观公正反映问题；

（二）认真完成村党组织和村民会议或者村民代表会议授权监督的事项；

（三）积极参加村党组织、乡镇（街道）、县级有关部门等组织的有关活动；

（四）带头遵守村规民约。

第三章　监督内容和程序

第十条　村务监督委员会开展监督的主要内容是：

（一）村务决策的监督。主要监督村务决策是否按照规定程序进行，及时纠正违反决策程序的行为。对应当依法由村民会议或村民代表会议进行讨论决定的有关事项，而村民委员会不组织召集或擅自作出决定的，村务监督委员会应及时向村党组织、乡镇（街道）党（工）委、政府（办事处）和纪（工）委反映，并督促村民委员会及时召开村民会议或村民代表会议，讨论表决。

（二）村务公开的监督。对村务公开事项进行事先审查，主要审查公开内容是否全面、真实，公开时间是否及时，公开形式是否科学，公开程序是否规范。经审查符合要求的，村务监督委员会在公开内容上签署意见或盖章。对公开事项存有疑义的，村务监督委员会应及时向村民委员会提出，村民委员会应在10个工作日内予以答复和处理。

（三）村级集体"三资"管理的监督。村务监督委员会参与制定本村集体的财务计划和各项财务管理制度。对财务支出事项，由村务监督委员会按月或按季进行审查。未经村务监督委员会审核盖章的票据，乡镇（街道）会计代理服务中心或"三资"服务中心不得入账。对有争议的票据，村务监督委员会可提请村民会议或村民代表会议讨论决定。村务监督委员会对村级集体投资经营情况和集体土地房屋、山林、矿产等资产、资源处置情况实行全过程监督。

（四）村工程建设项目的监督。村务监督委员会对工程从立项、招投标、质量验收到资金预决算及支付等进行全过程监督。主要监督项目立项是否科学、民主；是否按有关规定实行招投标；有无随意变更工程设计；工程建设质量是否合格；资金管理和支付是否规范等。对项目实施中发现的问题，村务监督委员会要及时向村党组织、村民委员会反映。若发现有村干部违规违纪的，村务监督委员会要及时向村党组织、乡镇（街道）党（工）委、政府（办事处）和纪（工）委反映，并协助进行调查。

第十一条　村务监督委员会实施监督时一般按以下程序进行：

（一）收集民意。根据村民会议和村民代表会议决议事项，围绕村民关注的热点、难点问题，或根据村党组织、乡镇（街道）党（工）委、政府（办事处）和纪（工）委的要求，通过上门走访、个别约谈、议事日等形式广泛收集村民的意见和建议，确定监督事项。

（二）调查分析。围绕监督事项开展调查，了解、核实相关情况，查阅、收集有关资料。对收集到的意见和建议进行认真分析，及时将工作建议向村党组织和村民委员会反映。

（三）监督落实。根据调查的结果，提出监督意见，明确分工，认真细致、客观公正地开展监督工作，及时发现和纠正存在的问题。

（四）通报反馈。通过公开栏、召开会议、个别反馈等形式及时公布监督结果,对村民的询问质疑作出解释说明。

第四章　工作制度和实施

第十二条　实行工作例会制度。村务监督委员会会议一般每月召开一次,如遇特殊情况可随时召开,决定问题采取少数服从多数的原则。

第十三条　建立学习培训制度。村务监督委员会应定期开展集体学习,加强自身建设。积极参加村党组织、乡镇(街道)和县级有关部门组织的学习培训活动。

第十四条　实行工作报告制度。村务监督委员会每年应向村党组织和村民会议或村民代表会议报告工作。乡镇(街道)党(工)委、政府(办事处)和纪(工)委要加强对村务监督委员会的工作指导,通过调查核实、工作片会、集体会审等形式,协调和帮助解决村务监督中的困难和问题。

第十五条　建立考评制度。由村民会议或村民代表会议对村务监督委员会的工作情况进行民主评议,对其成员进行信任度测评。民主评议可与对村干部述职评议和考核等一起进行,结果应当向全体村民公布。

第十六条　建立工作台账制度。村务监督委员会每次开展工作,都应认真、如实记录,以备查阅。村务监督委员会工作台账列为村务档案。

第十七条　建立申诉救助制度。村务监督委员会在受到无理阻挠导致无法正常开展工作时,或其成员受到打击报复的,可以向村党组织、乡镇(街道)党(工)委、政府(办事处)和纪(工)委反映情况,村党组织、乡镇(街道)党(工)委、政府(办事处)和纪(工)委应及时协调和处理。

第十八条　建立保障制度。村务监督委员会应有固定的办公场所和办公设备,做到牌子、印章齐全,制度张贴公示。村务监督委员会成员应享有一定的误工补贴和报酬,具体标准由村民会议或村民代表会议讨论决定。有条件的乡镇（街道）可根据村务监督委员会的工作考核情况，对工作业绩突出的，给予一定的奖励或补助。

第五章 附 则

第十九条 本规程所指的村包含行政村、农村社区。各地可根据本规程制定具体的工作细则。

第二十条 本规程由中共浙江省纪律检查委员会、浙江省监察厅负责解释。

第二十一条 本规程自印发之日起试行。

金华市村务监督委员会工作细则（试行）

市委办〔2010〕52 号

第一章　总　则

第一条　为进一步规范村务监督委员会工作,充分发挥村务监督委员会作用,根据《中国共产党农村基层组织工作条例》《中华人民共和国村民委员会组织法》《浙江省实施〈中华人民共和国村民委员会组织法〉办法》《浙江省村级组织工作规则(试行)》《浙江省村务监督委员会工作规程(试行)》等法律法规和有关政策规定,结合我市工作实际,制定本细则。

第二条　村务监督委员会是村级民主监督组织,由村民会议或村民代表会议选举产生,在乡镇(街道)纪(工)委的指导和村党组织领导下对村级事务实施监督,向村民会议或村民代表会议负责并报告工作。

村务监督委员会一般与村民委员会换届同期举行,任期与村民委员会相同。村务监督委员会因故未能选举产生的,由村级党的纪检组织(委员)临时代行村务监督职能。

第三条　村务监督委员会建设应坚持以邓小平理论和"三个代表"重要思想为指导,深入贯彻落实科学发展观,按照构建社会主义和谐社会、建设社会主义新农村的要求,不断创新和完善村级民主监督的组织形式和工作机制,健全基层党组织领导的充满活力的基层群众自治机制,保障基层群众充分行使民主权利。

第四条　村务监督委员会履行职能应坚持党的领导的原

则,坚持依法依规监督的原则,坚持实事求是的原则,坚持依靠群众的原则。

第二章 组织机构

第五条 村务监督委员会一般由 3 至 5 名成员组成,其中主任 1 名。主任一般由村党组织成员或党员担任。

第六条 原村务公开监督小组和民主理财小组纳入村务监督委员会。根据实际需要,村务监督委员会可以下设村务公开、"三资(村级集体资金、资产、资源)"管理、工程项目等若干监督小组。

第七条 村务监督委员会成员一般应具有以下条件:

(一)依法拥有选举权和被选举权的本村村民;

(二)思想政治素质好,坚持原则、公道正派、遵纪守法,在群众中有较高威望;

(三)热心本村公共事业,具有一定的政策水平,掌握国家相关法律法规;

(四)能正常履职。

村务监督委员会成员中应有熟悉财务管理的人员。

第八条 村务监督委员会成员实行回避制度,除兼任村务监督委员会主任的村党组织成员本人外,村党组织、村民委员会成员及其近亲属不得担任村务监督委员会成员。村文书、村报账员不得兼任村务监督委员会成员及其下设机构的人员。

第九条 村务监督委员会成员有下列情形之一的,其成员资格终止,由村民会议或村民代表会议按照有关程序补选新的成员:

(一)村民会议或村民代表会议测评中信任票数达不到应到会人数一半的;

(二)任职期间发生违纪违法行为被查处的;

(三)存在其他不宜担任村务监督委员会成员情形的。

第十条 村务监督委员会成员的选举、罢免和补选按照《中华人民共和国村民委员会组织法》等法律法规和有关政策规定执行。

第三章　工作职责

第十一条　村务监督委员会的主要工作职责是：

（一）对村民会议和村民代表会议决议执行情况，重大事项民主决策情况，村务公开和民主理财情况，村级各项收支、集体土地征收征用、工程项目招投标等村务管理执行情况进行监督；

（二）对村干部廉洁自律情况，履行创业承诺、辞职承诺等情况进行监督；

（三）支持和配合村党组织、村民委员会等村级组织正确履行职责，引导村民支持村党组织、村民委员会等村级组织的工作，协助做好有关工作；

（四）主动收集并认真受理村民的意见建议，及时向村党组织和村民委员会反映村民对村务管理的意见和建议；

（五）及时向乡镇（街道）党（工）委、政府（办事处）和纪（工）委反映村干部违纪违法问题、村级事务管理违纪违规问题等。

第四章　权利和义务

第十二条　村务监督委员会成员依法依规对村务活动进行监督，享有以下权利：

（一）知情权。列席村民委员会会议，列席村党组织召开的涉及村重大决策、重大事项、重大开支以及其他事关村民切身利益的有关会议；向村干部和村民了解有关情况，查阅、复制与监督事项有关的文件资料，了解掌握村务的决策和管理执行情况。

（二）质询权。对村务事项和村干部履职情况开展询问质询，要求村干部作出解释。

（三）审核权。对村务、财务公开情况和财务报账前的原始凭证进行全程跟踪审核。

（四）调查权。根据村民意见建议或工作需要，对村务事项开展调查，核实有关情况。

（五）建议权。围绕村务事项提出工作建议和意见。建议村民委员会就有关问题召开村民会议或村民代表会议。

第十三条　村务监督委员会及其成员应履行以下义务：

（一）认真履行本细则第十一条规定的各项监督职责，积极完成村党组织和村民会议或者村民代表会议授权监督的其他事项；

（二）按照法律法规和有关政策规定正确行使职责，不直接参与村务的决策、管理和执行，不干涉村党组织、村民委员会正常工作；

（三）坚持实事求是、客观公正反映问题；公道正派，不假公济私，不滥用监督权力；

（四）积极参加村党组织、乡镇（街道）、上级有关部门等组织的有关活动；

（五）模范遵守国家法律法规，带头遵守村规民约。

第五章　辞职承诺

第十四条　村务监督委员会选举时，候选人及自荐人应作出辞职承诺，当选者逐一签订《辞职承诺书》，并在村务公开栏进行公示。村务监督委员会成员应当承诺任期内如有下列情形之一的，辞去现任职务。

（一）不贯彻执行党的路线方针政策，不支持党委和政府决策部署的；

（二）不能正确履行监督职责，严重影响村级班子、村民团结或村级工作的；

（三）不能充分履行监督职责，村级事务发生重大违纪违法问题的；

（四）煽动、组织或参与集体上访、无理上访的；

（五）长期外出或身体状况不佳，严重影响工作的；

（六）其他不正确履行职责的。

第十五条　辞职承诺制度的基本程序参照中共金华市委办公室、金华市人民政府办公室《关于全面推行村干部辞职承诺制度的意见》执行。

第六章　监督内容和程序

第十六条　对村务决策的监督。

（一）对村务决策的监督内容主要是：监督村务决策是否符合法律法规和有关政策规定，是否按照规定程序进行，是否公平合理。村务决策前，村党组织或村民委员会可委托村务监督委员会就决策事项收集征求村民的意见建议。

（二）对违反法律法规和有关政策规定、违反决策程序、违背公平合理的决策，村务监督委员会应及时指出并要求村民委员会纠正。

（三）对村民委员会的决策、决定有原则性不同意见时，村务监督委员会可建议提请村党组织或乡镇（街道）协助召开村民会议或村民代表会议讨论决定。

（四）对依法应由村民会议或村民代表会议进行讨论决定的有关事项，村民委员会不召集或擅自作出决定的，村务监督委员会应督促村民委员会及时召开村民会议或村民代表会议，讨论表决。

（五）对村党组织违反法律法规和有关政策规定、违反决策程序、违背公平合理的决策，村务监督委员会应及时向乡镇（街道）党（工）委和纪（工）委反映并协助纠正。

第十七条　对村务公开的监督。

（一）监督村务公开内容是否全面、真实。村务公开的内容包括：村干部工作分工、职责、任务和报酬补贴情况，财务收支情况，集体资产状况，固定资产租赁和企业承包情况，集体资产处置情况，征用、占用土地补偿及使用情况，土地确权情况，村内工程、投资项目及大额开支情况，村内"一事一议"的集体生产公益事业筹资筹劳情况，上级下拨的各类专项资金、物资的管理使用情况，帮扶、救灾救济款物的发放使用情况，计划生育政策落实情况，宅基地审批情况，村干部联系困难户、社会治安综合治理、新增文明户等情况，集体机动地的发包情况，新型农村合作医疗情况、种粮直接补贴情况、国家其他补贴农民、资助村集体的政策落实情况等。

实行点题公开制度，对村民关注的热点问题、久拖不决的难点问题、权力制约的重点问题以及与村民利益密切相关的事项，可根据村民的要求和申请实行公开。

（二）监督村务公开时间是否及时。一般的村务事项至少每季度公开一次，在每季度第一个月 10 日前公开上季度村务事项；涉及集体财务来往较多的村，财务收支情况应在下月 10 日前公开；涉及村民利益的重大问题以及群众关心的事项应及时公开。

（三）监督村务公开形式是否科学。按照实际、实用、实效的原则，通过村务公开栏、广播、电视、网络、村民会议或村民代表会议等有效形式公开。

（四）监督村务公开程序是否规范。村务公开的基本程序是：村民委员会根据本村的实际情况，依照法规、政策和村规民约的有关要求提出公开的具体方案或事项；村务监督委员会对村务公开具体方案或事项进行审查、补充、完善后在公开内容上签署意见或盖章，重大或有争议的事项提交村党组织和村民委员会联席会议讨论确定；村民委员会通过村务公开栏等形式及时公布。

（五）对公开事项存有疑义的，村务监督委员会应及时向村民委员会提出，村民委员会应在 10 个工作日内予以答复和处理。

第十八条　对资金管理的监督。

（一）对资金管理的监督内容主要是：监督村级财务委托代理制度、财务收支管理制度、票据管理制度、备用金制度和财经纪律执行情况等。村务监督委员会参与制订本村集体的财务计划和各项财务管理制度。

（二）对财务支出的审核。对小额支出的审核：小额支出由经手人在票据上写明用途与证明人共同签字后，交由村务监督委员会审核。村务监督委员会审核签字盖章后,交由村审批人签字,报乡镇(街道)会计代理机构审核入账报销。对大额支出的审核:大额支出项目实施前应按规定程序进行决策,村务监督委员会按照本细则第十六条的规定进行监督。大额支出由经手人在票据上写明用途与证明人共同签字后,交由村务监督委员会审核。村务监督委员会审核签字盖章后,交由村审批人签字,报乡镇(街道)会计代理机构审核入账报销。

(三)村务监督委员会在审核票据时,对手续不完备的票据应退回整改,手续完备后方可签字盖章;对确认不合理的开支可以拒签。对有争议的票据,村务监督委员会可提请村民会议或村民代表会议进行讨论决定。未经村务监督委员会审核签字盖章的票据,乡镇(街道)会计代理机构不得入账报销。村务监督委员会无正当理由不予审核签字盖章,经村民会议或村民代表会议讨论决定可报销的,乡镇(街道)会计代理机构可凭有关决议予以入账报销。对违反有关规定的,应按照《浙江省违反村级财务管理规定行为责任追究办法》追究相关人员责任。

第十九条　对资产资源管理的监督。

村务监督委员会对村级集体投资经营情况和集体土地、房屋、山林、矿产等资产资源处置实行全过程监督。

(一)监督资产资源处置决策。资产资源处置应符合法律法规和有关政策的规定,村务监督委员会按照本细则第十六条的规定进行监督。

(二)监督资产资源处置程序。按规定应实行招投标的资产资源处置项目应进行招投标。村务监督委员应监督资产资源处置程序是否符合有关规定,及时向乡镇(街道)党(工)委、政府(办事处)和纪(工)委反映招投标违规违纪行为,并协助进行调查。

(三)监督资产资源处置后的财务收支。资产资源处置完成后,村务监督委员会应按照本细则第十八条的规定对财务收支进行监督。对资产资源处置的收益,村务监督委员会应督促及时纳入乡镇(街道)会计代理机构统一管理。

第二十条 对工程建设项目的监督。

村务监督委员会对工程从立项、招投标、质量验收到资金预决算及支付等进行全过程监督。

(一)监督项目立项是否科学、民主。工程建设项目应符合法律法规和有关政策的规定,决策应科学、民主,村务监督委员会按照本细则第十六条的规定进行监督。

(二)监督项目是否按规定实行招投标。对按规定应实行招投标的工程建设项目,村务监督委员会应监督招投标程序是否符合有关规定,及时向乡镇(街道)党(工)委、政府(办事处)和纪(工)委反映招投标违规违纪行为,并协助进行调查。

(三)监督标后管理是否严格。禁止任何形式的建设工程转包、违法分包及挂靠行为,禁止随意变更工程设计。

(四)监督工程建设质量是否合格。村务监督委员会应参与工程建设质量验收,监督工程建设质量是否合格。

(五)监督工程建设资金管理和支付是否规范。村务监督委员会按照本细则第十八条的规定对工程建设资金管理和支付进行监督。

第二十一条 对村干部的监督。

(一)督促村干部认真履行工作职责,及时完成村级创业承诺。

(二)督促村干部认真执行党的路线方针政策,自觉遵守法律法规,严格执行廉洁自律各项规定。

(三)发现村干部在村务管理中有违纪违法行为的,村务监督委员会应及时向乡镇(街道)党(工)委、政府(办事处)和纪(工)委反映。

(四)协助乡镇(街道)党(工)委、政府(办事处)和纪(工)委开展对村干部的述职述廉、民主评议和考核测评等工作。

第二十二条 村务监督委员会实施监督时一般按以下程序

进行：

（一）收集民意。根据村民会议和村民代表会议决议事项，围绕村民关注的热点、难点问题，或根据村党组织、乡镇（街道）党（工）委、政府（办事处）和纪（工）委的要求，通过上门走访、个别约谈、议事日、民情恳谈等形式广泛收集村民的意见和建议，确定监督事项。

（二）调查分析。围绕监督事项开展调查，了解、核实相关情况，查阅、收集有关资料。对收集到的意见和建议进行认真分析，及时将工作建议向村党组织和村民委员会反映。

（三）监督落实。根据调查的结果，提出监督意见，明确分工，认真细致、客观公正地开展监督工作，及时发现和纠正存在的问题。

（四）通报反馈。通过公开栏、召开会议、个别反馈等形式及时公布监督结果，对村民的询问质疑作出解释说明。

第七章　工作制度

第二十三条　建立学习培训制度。村务监督委员会应定期开展集体学习，积极参加村党组织、乡镇（街道）和上级有关部门组织的学习培训活动。县级有关部门和乡镇（街道）应加强对村务监督委员会成员的教育培训，提高综合素质和监督能力，促进村务监督委员会有效开展工作。

第二十四条　实行工作例会制度。村务监督委员会会议一般每月召开一次，如遇特殊情况可随时召开，决定问题采取少数服从多数的原则。乡镇（街道）应定期召开辖区村务监督委员会主任会议，及时掌握和指导辖区村务监督工作。

第二十五条　实行工作报告制度。村务监督委员会每年应向乡镇（街道）纪（工）委、村党组织和村民会议或村民代表会议报告工作。如遇特殊情况或重要事项应随时报告。

第二十六条　建立考评制度。由村民会议或村民代表会议对村务监督委员会的工作情况进行民主评议，对其成员进行信任度测评。民主评议可与对村干部的述职评议和考核等一起进行，结果应向全体村民公布。

第二十七条　建立工作台账制度。村务监督委员会应建立村务监督委员会基本情况、例会记录、监督项目记录、工作报告记录、考评记录等工作台账，每次开展工作都应认真、如实记录，以备查阅。村务监督委员会工作台账列为村务档案。

第二十八条　建立申诉救助制度。村务监督委员会在受到无理阻挠导致无法正常开展工作时，或其成员受到打击报复的，可以向村党组织、乡镇（街道）党（工）委、政府（办事处）和纪（工）委反映情况，村党组织、乡镇（街道）党（工）委、政府（办事处）和纪（工）委应及时协调和处理。

乡镇（街道）党（工）委、政府（办事处）和纪（工）委应加强对村务监督委员会的工作指导，及时协调和帮助解决村务监督中的困难和问题。

第二十九条　建立责任追究制度。村务监督委员会成员有违反本细则规定行为的，乡镇（街道）党（工）委、政府（办事处）和纪（工）委应及时进行调查核实，确认存在问题的，应责令限期整改；拒不整改或有本细则第九条、第十四条情形的，按照有关规定终止资格、辞职或进行罢免；有其他违纪违规或违法犯罪行为的，应及时移交相关部门处理。

第三十条　建立保障制度。村务监督委员会应有固定的办公场所和办公设备，做到牌子、印章等齐全，制度张贴公示。村务监督委员会成员应享有一定的误工补贴和报酬，具体标准由村民会议或村民代表会议讨论决定。有条件的乡镇（街道）可根据村务监督委员会的工作考核情况，对监督作用发挥明显的，给予一定的奖励或补助。

第八章　附　则

第三十一条　本细则所指的村包括行政村、农村社区。对生产队、自然村的监督管理工作参照本细则执行。

第三十二条　各地村务监督机构名称统一为村务监督委员会。

第三十三条　本细则由中共金华市纪律检查委员会、金华市监察局负责解释。

第三十四条　本细则自印发之日起试行。

中共武义县委　武义县人民政府关于进一步加强村务监督委员会建设的若干意见

为深入贯彻落实《中共中央关于全面深化改革若干重大问题的决定》,建立健全村务监督机制,加强农村基层党风廉政建设,推进农村治理现代化,建设法治武义,结合我县村务监督委员会创建以来的实践,现就进一步加强我县村务监督委员会建设提出如下意见。

一、统一思想,进一步凝聚加强村务监督委员会建设的共识与合力

(一)充分认识加强村务监督委员会建设工作的重要性。村务监督委员会制度于 2004 年在我县首创后,在上级党委和县委县政府的高度重视下,不断得到深化完善,并于 2010 年被写入《村民委员会组织法》。实践证明,该制度在推动农村基层民主自治、促进农村基层党风廉政建设、维护农村社会和谐稳定等方面发挥了重要作用。随着村民群众民主法治意识不断增强,更加注重村务监督制度建设、提升村务监督工作实效已是现实所需。我县作为发源地,更应与时俱进,为村务监督委员会制度的发展完善作出新贡献。全县各乡镇(街道)、县直属有关单位一定要统一思想,提高认识,以高度的政治责任感和求真务实的工作作风,加强对村务监督委员会建设工作的支持和指导,使之成为民主监督、服务群众、促进和谐、推动发展的新农村建设重要力量。

（二）严格落实乡镇（街道）在加强村务监督委员会建设工作中的职责。乡镇（街道）、温泉度假区是支持和指导村务监督委员会开展工作的责任主体，党（工）委书记要切实履行第一责任人职责，加强对辖区村务监督委员会建设工作的调查研究、规划部署和统筹协调；纪（工）委书记是指导村务监督委员会建设工作的直接责任人，要按照《武义县村务监督委员会履职细则》等制度规定，加强对村务监督工作的指导、支持和监督，推动村务监督工作有序开展；其他班子成员要根据职责分工，协助做好村务监督委员会建设工作。

（三）深化完善村级民主自治机制建设。发展和完善以村党组织为领导核心，村民（代表）会议为议事决策机构，村民委员会为管理执行机构，村务监督委员会为监督机构的村民自治机制。村党组织要加强和改善对村务监督委员会的领导；村民委员会应支持、理解并自觉接受村务监督委员会履职监督，不得以任何理由阻碍村务监督委员会行使知情权、质询权、监督权、建议权；村务监督委员会要在村党组织领导下，不断加强自身建设，独立开展对村务决策、村务管理、村务公开、村干部勤政廉政等方面的监督，支持村党组织和村民委员会正常开展工作；积极推动村规民约的制订和完善，为村级民主管理、民主监督提供更加丰富的制度依据；纪检、组织、民政等部门要依法履行职责，积极指导推进基层民主政权建设的探索与实践；宣传部门要深入开展舆论引导和宣传，营造村务监督委员会建设的浓厚氛围。

二、精心培育，推动村务监督委员会成为村级民主监督"第一力量"

（四）选优配强村务监督委员会班子。坚持加强党的领导、充分发扬民主、严格依法办事的高度统一，选优配强村务监督委员会班子。发挥好村党组织的领导核心作用，严格按照上级要求，"一村一策"选出选好村务监督委员会班子；在坚持素质能力优先的基础上,统筹优化村务监督委员会队伍年龄、文化、专业知识结构,引导鼓励懂财务、计算机、工程建设的人员进入村务监督委员会队伍;引导不兼任村报账员的村文书和优秀大学生村官通过法定程序选入村务监督委员会班子;严格执行任职回避、辞职承诺等规定,打造一支廉洁、高效的村务监督队伍。

(五)优化村务监督委员会工作环境。加强对村务监督委员会在推进农村基层党风廉政和民主法治建设中地位、作用的宣传,进一步赢得广大干部群众和社会各界对村务监督委员会制度的理解和支持;重视全县涉农制度、政策制定和执行与村务监督制度的衔接,确保村务监督工作落到实处;重视农村三务公开信息平台建设,充分提供人力支持和技术支撑,保障村级组织权力公开透明运行,营造有利于村务监督委员会工作开展的履职环境。

(六)促进村务监督委员会高效履职。严格落实《武义县村务监督委员会履职细则》,建立定期培训和月度工作例会制度,切实提升村务监督委员会成员履职能力;加强和完善村务监督委员会实绩考核和村务监督委员会主任基本报酬发放工作,构建科学的奖惩考核体系;严格执行村务监督委员会主任参与周三服务日坐班和便民服务中心轮值制度,做好村务监督工作台账和便民服务台账,为村务监督工作绩效评价提供重要依据;及时发现和处理监督缺位、越位、错位等行为,对存在连续两次无正当理由不履行村集体财务审查职责及煽动、组织、参与非法上访等行为的村务监督委员会成员,及时启动辞职罢免程序;开展对优秀村务监督事例的年度评选表彰奖励,以先进典型示范引领全县村务监督委员会工作。

三、加强引导,推动村务监督委员会搭建民意沟通"第一桥梁"

(七)强化村务监督委员会与村级便民服务中心、社会服务管理站工作互动。建设、维护好村级便民服务中心和社会服务管理站,是中央、省委优化便民服务、完善农村治理的重大工作部署。要从农村实际出发,根据简便易行、可追责的原则,梳理整合便民服务、村民议事、民情分析、社会管理、工作台账等举措、制度,实现各涉农服务场所、标牌、项目、资金的有机整合,采取有效措施加强基层站所与村级便民服务中心、社会服务管理站服务对接工作,做到"两块牌子、一个平台"提供为民、便民、利民的社会管理和公共服务。村务监督委员会要充分利用好这一工作平台,定点定时收集村民(代表)意见建议,做好对进驻平台的各工作机构服务质量的监督,积极为村民履职服务。

(八)提倡有利于工作开展的交叉兼职。明确村务监督委员会主任兼任村民(廉)情信息员,鼓励具备条件的村务监督委员会成员兼任村民调解委员会成员。落实村务监督委员会民(廉)情分析会制度和入户走访制度,促使村务监督委员会成员增强对村(廉)情民意的了解掌握,真正发挥维护农村社会稳定的"过滤器"和"减压阀"作用。

(九)建立涉村纪检信访调处的第一责任制度。明确村务监督委员会主任为涉及村务管理的纪检信访案件调处第一责任人。加强宣传引导,涉及村务管理的纪检信访投诉,提倡村民先向村务监督委员会反映;上级转办的有关村务管理方面的涉村纪检信访案件,一般先交由村务监督委员会进行调查,提出初步处理意见,依职开展沟通、解释、督办、化解工作,并及时向上级纪委作出情况汇报。

四、落实保障,推动村务监督委员会为新农村建设发挥更大作用

(十)建立村务监督委员会工作指导专家库。县纪委牵头建立指导村务监督委员会工作的专家库,组建一支涵盖招投标、工程建设、合同管理、财务审计等方面的专业技术人员队伍,及时解答村务监督委员会在具体履职过程中遇到的疑点、难点问题,

为村务监督委员会成员开展村务监督工作提供专业技术支撑。

（十一）完善村务监督委员会建设经费保障制度。建立更加科学、规范的专项资金运行机制，更好地发挥专项资金对村务监督工作的保障和引导作用；坚持和完善村务监督委员会主任浮动工作报酬制度，将村务监督委员会其他成员列入村享受误工补贴人员的范围；在保证考核经费的基础上，结余资金用于优秀村务监督事例表彰及其他村务监督工作的经费补助；将村务监督委员会主任纳入离任村主职干部定期慰问政策的享受范围。

（十二）搭建优秀村务监督委员会成员发展平台。创造有利条件，搭建发展平台，提升村务监督委员会成员工作积极性和主动性。对工作成绩突出的非党村务监督委员会成员，可作为党组织吸收党员的重点对象优先培养；将村务监督委员会主任纳入竞争性选拔领导干部政策的享受范围；积极争取村务监督委员会主任享受面向优秀村干部考录公务员政策；对优秀村党组织成员或党员兼任的村务监督委员会主任，积极推荐参选乡镇党代表；通过"专职专选"等方式，使符合条件的优秀村务监督委员会主任当选乡镇纪委委员职务。

（十三）建立村务监督委员会建设工作督查考核机制。加强工作督查，县纪委要牵头组织民政、财政、农业等部门对本意见落实情况定期督查；县委将及时对本意见执行情况和村务监督委员会建设面临的新形势、新情况进行专题研究。建立考核机制，把村务监督委员会建设情况纳入落实党风廉政建设责任制工作考核，作为对领导班子总体评价的重要依据。